我繪遊淡水

人文山光水色

一位退休外交官畫家的午后漫步

70幅水彩畫與248張相片

導覽著淡水的吉光片羽

莊宏哲／繪畫・攝影・文字

人文山水・淡水情

二〇一一年年底自旅居多年的匈牙利首都布達佩斯返臺後，我相繼在文化大學推廣教育部及淡水社區大學教授水彩繪畫，算算時間也已四、五年的時間了。我個人雖非美術科班出身，但自幼即與繪畫結緣，尤喜寫意生趣的水彩創作；因而在賦歸田園之後，便潛浸於水彩繪畫之創作及教學，近年來尤鍾情於風景小品的創作。

旅居布達佩斯任職駐匈牙利新聞外交官期間，我曾於二〇一〇年、二〇一一年先後為「華成出版」撰寫了《匈牙利—走馬不看花》、《布達佩斯—走馬不看花》兩本書，主要內容為有關旅遊及城鄉的介紹。返臺後，並於二〇一六年以六十幅速寫匈牙利風光的水彩畫作，再度在「華成出版」出版了《手繪匈牙利》，與讀者分享個人旅居匈國之生活經驗，並介紹當地之風土民情。

淡水得天獨厚擁有山水海天的自然之美，除了深厚的漢人本土文化外，又加上西洋強勢文明的衝擊、馬偕人道精神的關懷、日本東洋文

化的殘影。所有這些文化因素造就了今日的淡水，讓它呈現出多元包容又豐富的文化面貌，就像是「臺灣文化」的一個小縮影。

回想移居淡水之初，淡水對我而言是個既熟悉又陌生的地方，熟悉的是她的名字及臉孔，陌生的是她的身家和內涵。所以，我開始遊走尋訪淡水的景趣，並藉由以畫筆記錄的方式，重新去探索並認識這個新家園。因而，本書的淡水風情水彩畫作，多數便是這些年走訪記錄的雅興閒品，也有少數是近年教授繪畫時示範的隨作。

對於繪畫，我總認為一幅畫若少了人文內涵，則它所呈現的美只是表象的。就像一個女子縱使點扮了彩妝，但若是缺乏內在的人文素養，那麼給人的感覺只不過是「風塵俗艷」而已。但如果能夠人文內涵與美妝外表兼具，那就稱得上是「氣質美女」了。所幸，經過百年文化與歲月洗禮的淡水，從裡到外就是個充滿人文氣質的美女。因而，當我創作這些水彩畫作時，不只是追求畫面景緻的美感，也試圖著去了解每個景物背後的故事。如此一來，有故事可說的畫，便富有人文內涵，繪畫就不再只是美麗而已，而是一種氣質。

隨著前書《手繪匈牙利》於二〇一六年的出版，如今這本描繪淡水人文山光水色之美的新書《我繪．遊淡水》又再面世。在此，我要特別感謝「華成出版」王國華主編的支持與賞識；因有他寶貴的意見及協助，本書才得以圓滿順利的出版。同時，我也希望藉由我在書中所呈現的七十幅水彩畫作以及兩百餘張照片，能帶領讀者走一趟賞心悅目的山水之旅，並感受淡水蘊寓深遠的人文內涵。

莊宏哲　謹誌

目錄 CONTENTS

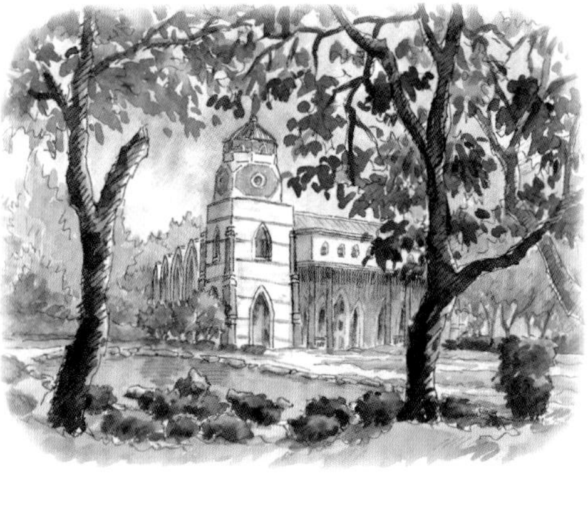

Part 3 寺廟巡禮

Part 4 近代風華

Part 5 河岸景觀

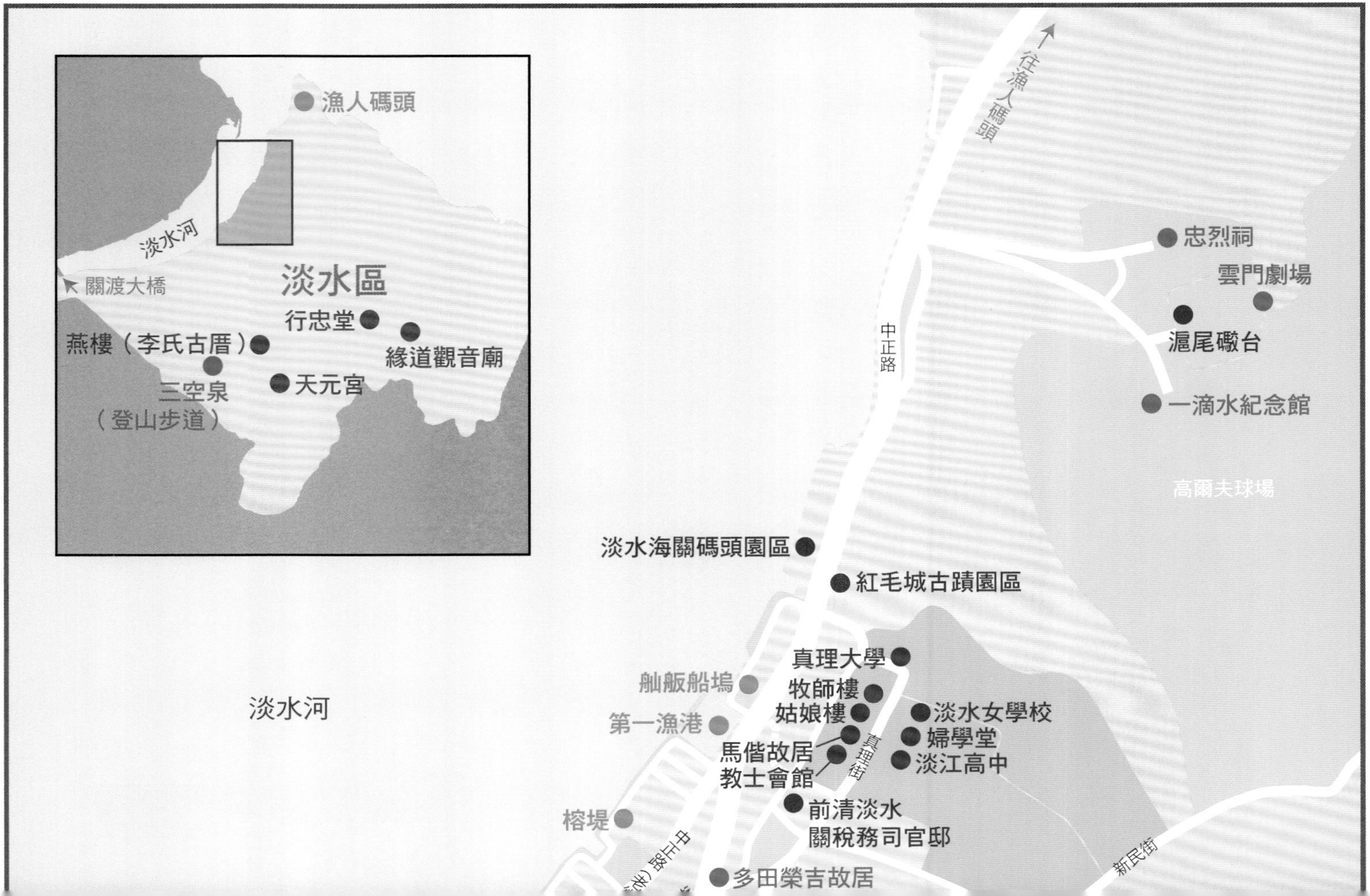
漁人碼頭
淡水河
關渡大橋
淡水區
行忠堂
緣道觀音廟
燕樓（李氏古厝）
三空泉
（登山步道）
天元宮
往漁人碼頭
忠烈祠
雲門劇場
滬尾礮台
中正路
一滴水紀念館
高爾夫球場
淡水海關碼頭園區
紅毛城古蹟園區
真理大學
舢舨船塢
牧師樓
淡水河
第一漁港
姑娘樓
淡水女學校
婦學堂
馬偕故居
真理街
淡江高中
教士會館
前清淡水
關稅務司官邸
榕堤
新民街
多田榮吉故居

遊艇碼頭
紅樓
福佑宮
重建街
重建街
清水街
文化路
中正路
祖師廟
施乾雕像
中山北路一段
往三芝→
龍山寺
公明街（老街）
漁港碼頭
捷運淡水站
英專路(夜市)
中正東路
水上人家
淡水文化園區
學府路
鄞山寺
鄧公路
淡江大學
紅樹林
百齡公園
←往台北
西
南
北
東
淡水導覽地圖

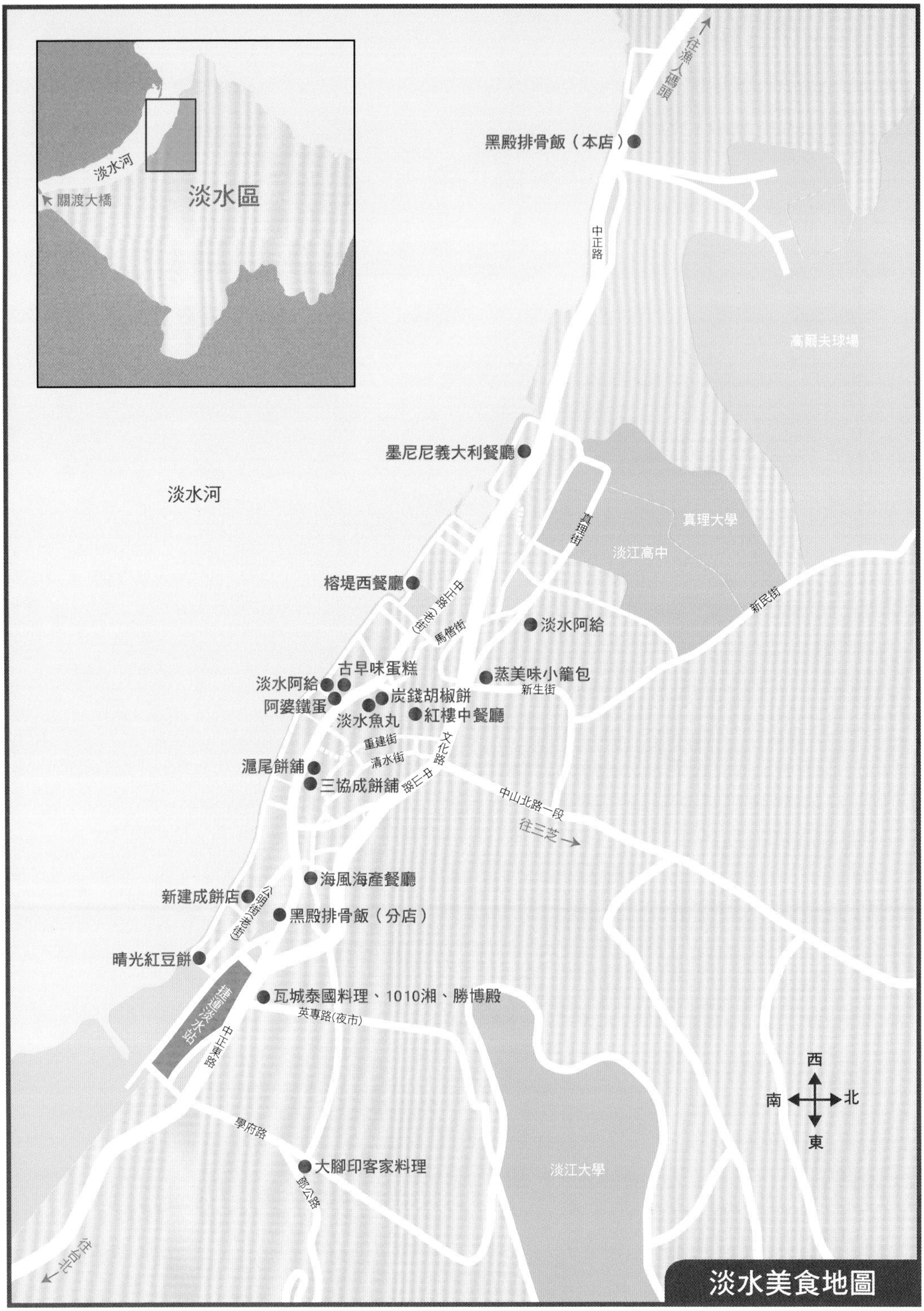
淡水河
關渡大橋
淡水區
往漁人碼頭
黑殿排骨飯（本店）
中正路
高爾夫球場
墨尼尼義大利餐廳
淡水河
真理街
真理大學
淡江高中
榕堤西餐廳
中正路(老街)
馬偕街
淡水阿給
新民街
古早味蛋糕
淡水阿給
蒸美味小籠包
新生街
阿婆鐵蛋
炭錢胡椒餅
淡水魚丸
紅樓中餐廳
重建街
文化路
清水街
滬尾餅舖
三協成餅舖
中正路
中山北路一段
往三芝
海風海產餐廳
新建成餅店
公明街(老街)
黑殿排骨飯（分店）
晴光紅豆餅
捷運淡水站
瓦城泰國料理、1010湘、勝博殿
英專路(夜市)
中正東路
學府路
大腳印客家料理
鄧公路
淡江大學
往台北
西
南
北
東

淡水美食地圖

Part 1

古蹟懷舊

淡水在劃歸為新北市一區之前，原本就是個與西方世界接觸甚早，同時也是漢人屯居較久的老鎮。基於這樣的歷史因素及影響，隨著歲月所遺留下來的歷史古蹟，自然而然就形成了淡水懷舊的文化特色。像是紅毛城（安東尼堡）、英國領事官邸、關稅務司官邸、滬尾礮台、海關碼頭、殼牌倉庫、重建街、紅樓等，都是充滿故事性值得一訪再訪的名勝。

01 紅毛城古蹟園區

淡水是臺灣最熱門的觀光旅遊景點之一，無論是欣賞夕陽美景、閒逛老街、啖嘗美食或是認識人文生態，一天玩下來總讓人感到滿載而歸、不虛此行。一提到「淡水」，一定不會忘記「紅毛城」這個古蹟，它是最具象徵性也最有歷史意義的景點。紅毛城古蹟園區參觀的重點有三處：「安東尼堡（即「紅毛城」）」、「前清英國領事官邸」、「古砲區」。來到園區首先見到的便是舊「南門」入口，進入之後便可見到這棟紅磚建築，它現在是園區的「簡報室」。

1 紅毛城旅客服務中心外頭設有郵筒，方便遊客就近投寄「到此一遊」的風景明信片。
2 紅毛城對面這家餐廳以「領事館」命名，令人印象深刻也容易聯想。
3 沿著旅客服務中心的小徑，展開綠意盎然的草皮，偶而也會在這裡看到婚紗攝影公司為新人在此取景，為人生留下最美好的回憶。
4 沿著綠意草皮的小徑直走，小徑導引你走到紅毛城的紀念品販賣店「紅城小舖」，店外設有遮陽傘及座椅，遊客即使未入內購買商品，也可在此稍作歇息。

安東尼堡（俗稱「紅毛城」）

一般人直覺的印象或口中所稱的「紅毛城」，指的大概就是這棟官方現稱「安東尼堡」的紅色建築物。它高高站立在山崗上迎海風、送夕陽、觀遠山，細數著數百年來過往淡水河的千帆，看盡了幾代江山更迭的人物。最早它只是西班牙人在一六二八年木造的一座城堡，當時稱「聖多明哥城」；後來荷蘭人於一六四六年重建，改稱它為「安東尼堡」。由於荷蘭人髮色偏紅，漢人習以「紅毛番」稱之，所以這個城堡也被稱作「紅毛城」。雖說「紅毛城」這個稱號帶有幾分嘲謔之意，不過，今日反而覺得它帶有濃濃的鄉土親切感。接著，十九世紀至二十世紀它又幾度易主，因此，現在城堡外豎著西班牙、荷蘭、明鄭、清朝、英國、日本、澳大利亞、美國、中華民國九面代表不同時期擁有者的旗幟。因此，如果把淡水的滄海桑田看成是臺灣歷史的一頁，那麼「紅毛城」便更像是臺灣歷史的縮影。

只不過，在我之前多次造訪的印象中，似乎還有一面代表一八九五年唐景崧所建「臺灣民主國」的虎標旗幟，如今不知為何未見蹤跡。

1 紅毛城外豎立的西班牙、荷蘭、明鄭、清朝、英國、日本、澳大利亞、美國、中華民國等九國的旗幟，象徵著紅毛城歷史輾轉的縮影。

2 2015 年 9 月，曾有一千多隻小小「Woody 熊」在紅毛城快閃展出。快閃活動過後，只留下這尊兩百多公分高的「Woody 熊」老大守護在安東尼堡外，如今它似乎已成了護城的吉祥物兼親善大使。由於紅毛城曾作為英國領事館使用，因此「Woody 熊」的服飾造型，便是典型英國皇家衛兵黑色高筒帽、紅色制服的模樣。

3 安東尼堡的粉牆在荷蘭時期其實是白色的，是在英國租借之後才塗改為紅色。

1 城堡的一處天井，以前是監禁的囚犯「放風」的小小空間。
2 參觀路線的入口見到的這尊雕像，從穿著的服飾看起來應該是荷蘭人。
3 內部展出一座十七世紀荷蘭船隻模型，是由荷蘭貿易暨投資辦事處所贈送。

前清英國領事官邸（前景）

紅毛城古蹟園區另一個值得參觀的古蹟是這座紅磚殖民式的建築，它是建於一八九一年的英國領事官邸。因為我的住家離紅毛城古蹟園區不遠，加上新北市民可以免費進出園區，所以紅毛城古蹟園區自然就成了我黃昏散步的路線之一。

有幾次散步到這處英國領事官邸，剛好碰到園區導覽員正在為參觀民眾進行導覽介紹，引起我的興致也加入聆聽的隊伍。導覽員從一樓的客廳、書房、餐廳、廚房介紹起。導覽過程中，導覽員總會特別介紹其中兩件設備，一是客廳及餐廳天花板的電動吊扇，它們是一九四一年奇異電子生產的產品，雖然已是阿公級的電器設備了，但至今狀況良好仍然可以使用。一是特殊罕見的「僕役呼叫鈴」，它的線路通往每個房間；因為兩層樓的官邸空間很大，所以必須經由呼叫鈴來召喚傭人；說它特殊罕見是因為它並非電子設備，而是完全機械式的手動設計。

1 「前清英國領事官邸」的迴廊屬南洋殖民式建築設計，既可擋雨又具遮陽功能。

2 透過迴廊圓拱欣賞戶外景觀，別具一番浪漫風情。

3 中央入口處左右雙柱間，磚柱牆上雕刻著花樣圖騰，薔薇代表英格蘭、薊花則代表蘇格蘭。

4 柱牆之上見到的這個標誌，則是英國女王維多利亞的「VR」縮寫徽記，徽記四個角落的「1891」則是這棟建築完工的年代。

5 在領事官邸的抬高地基旁，鑲嵌中國式的「錢紋」小石窗，其功能是幫助房子通風以排除濕氣。「錢紋」圖樣取其招財進寶的寓意，這是中式傳統建築常見的裝飾設計，常見於大富人家宅邸。

1 正門階梯下左右各設有「刮泥板」，是個很特殊的設計，其作用有點像是我們現今家中玄關的腳踏墊，讓人們進屋前先刮去鞋底的泥濘。
2 迴廊欄杆的「綠釉花瓶」是「前清英國領事官邸」的建築特色之一。
3 整個領事官邸都屬古蹟建築，所以欄杆的台面是不可隨意攀坐的。
4 欄杆的「花瓶」具有平安之意（「瓶」音同「平」），仔細數一下，每排的花瓶剛好 10 個，是個十全圓滿之數。
5 午後的陽光投射在領事官邸紅磚牆上，給人一種溫暖的感覺。

客廳

書房

餐廳

二樓藝廊

僕役呼叫鈴

廚房

一樓西側為客廳及書房，東側為餐廳及廚房，後側則有洗衣間及傭人房。目前的擺設布置，只是當時家居生活的想像。二樓有三間大臥室及貯藏室，惟目前暫時改設為展出畫作的藝廊。

2016

前清英國領事官邸（側景）

隨著導覽員走到官邸的二樓，這二樓原是領事的臥房空間，現在則充當園區的展室。牆上掛著一面「淡水三十三處文化資產清單」的展板，特別介紹淡水經審定的二十七處古蹟及六處歷史建築。其中較為知名的有：紅毛城（含前清英國領事官邸）、前清淡水關稅務司官邸（又稱「小白宮」）、滬尾礮台、福佑宮、龍山寺、牛津學堂、滬尾偕醫館、殼牌故事館、多田榮吉故居、木下靜涯舊居等。這些古蹟呈現淡水發展的歷史軌跡，是漢人與異國文化交織的人文風貌，也是到淡水一遊不能錯過的文化巡禮。

「前清英國領事官邸」建築外頭一處磚坪上，擺設著一雙超大號的荷蘭木屐，足足可以將整個人套進去，它的大尺寸就像是一艘小船般。木屐兩側畫有色彩鮮豔的荷蘭民俗圖飾，前端則有「ING」字樣，是荷蘭最大的保險公司「荷蘭國際集團」的縮寫。我猜想這雙木屐應該是這家荷蘭保險公司捐贈的。

前清英國領事官邸（背景）

繼續沿著領事官邸側面的小徑走去，此處是官邸後側的景觀，比起建築前端西側（客廳及書房）及東側（餐廳及廚房）主人氣派的官邸門面，後側這個建築的格局顯然小器了許多，主要是因為此處是洗衣間及傭人房，是下人工作及休息的空間，所以自然就因陋就簡了。即使如此，屋舍外仍見綠樹扶疏，在午後夕陽溫暖光線的照射下，顯得格外寧靜閒逸，依舊不失其貴族應有的幽雅氣質。

這裡其實也是「紅毛城古蹟園區」參觀路線的盡頭，此處便可見到通往真理大學的一扇門，從這扇門進去即可繼續參觀真理大學校園。這個側門開放時間與紅毛城是一致的，過了時間就會關閉。不過不用擔心超過時間，因為可以從真理街三十二號的學校正門出去。順便一提，真理大學校園是可以自由參觀的（學校正門在晚間還是開放的）。

「前清英國領事官邸」的建築四周種植許多樹木，仔細端詳它們的外觀及姿態，似乎都有相當年紀了。或許它們跟這棟「前清英國領事官邸」一樣年紀吧，所以顯得老態龍鍾，有些樹皮上還長滿著青苔、甚至披著一身綠色的葉蔓。

古砲區

紅毛城古蹟園區有一處「古砲區」，它就介於「安東尼堡」與「前清英國領事官邸」之間，不過位置偏在後方處。也因為隱身在一個角落，所以，讓很多來參觀紅毛城的人很容易錯過它。這些展示的古砲排成一列，都是自十七世紀至十九世紀各個時期的大砲。

淡水的砲台始自一六二九年西班牙人在淡水河口建立的簡單「城砦」（「砦」同「寨」，「城砦」意指守衛之堡壘、營寨）。目前園區「古砲區」展示的這些古砲，有些砲身鑄有中國字，像是「奉憲鑄造臺灣北路淡水營大砲一位重八百觔」、「奉憲鑄造艋舺營大砲一位重伍百觔 匠首林茂周」等字樣（「憲」即「法」、「一位」即「一個」、「觔」即「斤」），因此可以知道是清朝鐵鑄的古砲，它們原係遺棄在紅毛城附近的清朝舊軍營內，英人在整建紅毛城時將之搬至城內。

從「古砲區」這個角度，可以看到「前清英國領事官邸」就在不遠處。

2

1

3

1 這門古砲砲身鑄有「奉憲鑄造臺灣北路淡水營大砲一位重八百觔」字樣，可見應該是專為淡水當地兵營的軍事操作所鑄造的。

2 這門古砲比較有趣，砲身除鑄有「奉憲鑄造艋舺營大砲一位重伍百觔」字樣外，竟然連「匠首林茂周」的字樣都鑄上去了。我猜想這用意大概是萬一砲管爆裂了，這施工不良的責任是要追究「工頭」的；要不就是這位鑄砲「工頭」的技術特別好，是一種掛名的品質保證吧。

3 從「古砲區」另一個角度，可以看到佇立在另一側的安東尼堡，這幾門大砲一字排開，砲口對著遠方氣勢非凡，讓人有一種戰事正在進行的臨場感。

Part 1

INFO

地址：新北市淡水區中正路 28 巷 1 號
交通：公車 857、紅 26、836 →「紅毛城」下車
開放時間：星期一至星期五（每月第一個週一休館）09:30~17:00；星期六、星期日 09:30~18:00（戶外區 4 月至 10 月延長至 20:00）
定時導覽：10:00、11:00、13:30、14:30、15:00、16:00
一般民眾購票參觀：票價 80 元（一票可參觀紅毛城、小白宮、滬尾礮台三個古蹟景點）
免費參觀身分（須憑身分證明）：設籍新北市之市民、65 歲以上長者（限本國籍）、12 歲以下孩童、55 歲以上原住民、國內各級學校在校生、身心障礙者（與陪伴者 1 人）、低收入戶者、持志願服務榮譽卡者、中華民國博物館學會會員

前清淡水關稅務司官邸（小白宮）

02

這棟白堊迴廊建築官方正式名稱雖叫「前清淡水關稅務司官邸」，但多數人並不熟悉也不習慣這名字。在淡水住了這麼幾年，還真的沒聽當地人正經八百地叫它「前清淡水關稅務司官邸」，一來這官方名稱唸起還實在有點拗口難記，二來「小白宮」之名聽起來才親切又好記（因為建築主體是以白色為主，所以常被習稱為「小白宮」）。前清淡水關稅務司官邸建立於一八七〇年，其實類似這棟的白堊迴廊建築原本有三棟，二戰後已拆除另外兩棟，所以目前只剩這棟。

記得第一次來到「小白宮」參觀正是盛夏時分，艷陽高照酷熱無比，儘管庭院草木雅致宜人，仍不得不躲進迴廊討個涼快。從迴廊望出見到庭院中有棵開著大大白花的奇特樹木，既不像灌木的低矮也不似喬木的高大，只是從它枝幹的姿態看來，似乎有點老態龍鍾了。

這是我生平第一次見識這種植物，只是這花長在樹上，所以也不知應該叫它是花？還是應該稱它是樹？正在納悶之際，聽見一旁的人說它是「雞蛋花」，因為這白花靠近蕾蕊中間的顏色是黃的，看起來就像荷包蛋一樣，所以才有「雞蛋花」之名；但因為它的樹枝長得也像是鹿角，也被稱為「鹿角樹」。所以，它既是花也是樹囉。

小白宮搶救行動

談起「小白宮」，就不得不提一下關乎「小白宮」存廢的一項運動，當時的新聞媒體稱這運動為「小白宮搶救行動」。

觀賞庭院中的「雞蛋花」後，我便進入「小白宮」裡參觀。「小白宮」展覽室的空間不大，所以也只有很簡單的陳列。我發現陳列展出的資料之中，有個專欄特別介紹說明「小白宮搶救行動」的始末。

原來在一九九五年的年底關稅總局將此處報廢，並計畫改建為員工宿舍，消息傳開引起各界關注。於是從一九九六年起至一九九七年年初，在學術文化界及民意代表的極力抗議與多方爭取下，除了挽救了這處古蹟慘被摧毀的命運之外，政府主管單位終於同意保存此處古蹟並進行建物修復，讓這棟具有歷史意義的建築在一九九七年二月二十五日正式被列三級古蹟。

試想看看「古蹟」跟「宿舍」，這意義跟價值差別有多大。將它保存為「古蹟」，可讓世世代代多少人得以緬懷見證歷史；將它改建作「宿舍」，不就只是幾名員工在裡面休息睡覺嗎？

1 展覽室展出「小白宮」的歷史變遷以及有關「小白宮搶救行動」的資料。

2 「小白宮」外頭草坪的一個角落仍保留著一個界石，石上刻著「淡水稅關所屬地」幾個字，可以證明此處是 19 世紀留存下來的古蹟。

3 「小白宮」面對著淡水河及觀音山，是欣賞山河美景絕佳的地點。

「小白宮」面對淡水河及觀音山，是觀賞夕陽美景的絕好地點；站在的迴廊拱柱之間，徐徐海風拂面吹來，好不清爽。

INFO

地址：新北市淡水區真理街 15 號
交通：公車 857、紅 26、836 →「小白宮」下車
開放時間：星期一至星期五（每月第一個週一休館）
09:30~17:00；星期六、星期日 09:30~18:00

滬尾礮台
（北門鎖鑰）

03

「滬尾」是淡水的古地名，而「滬尾礮台」是至今少數仍然保留「滬尾」之名的淡水古蹟。有趣的是，對於「滬尾」這個名稱的源起，當地人的說法莫衷一是。不知是因為年代久遠了，人們已經遺忘了它是怎麼來的；還是因為說法太多了，最後也搞不清楚哪個才是對的。

雖然古籍的文字記載，淡水在昔日曾有過「虎尾」、「扈尾」、「戶尾」等不同的稱呼。但據我耳聞的幾種說法中，較被接受的一種說法認為「滬尾」是凱達格蘭語「Hobe」的音譯。

但也有人說「滬尾」其實是臺灣話「雨尾」的諧音，更有人認為「滬」字與漁具或石滬有關。甚至有人認為淡水因為開埠通商在上海之後，所以稱為「滬尾」。

1 「滬尾礮台」其實是清法戰爭結束之後才建造的，因為它從未經歷戰爭的衝擊，所以保存完整。砲堡入口處的營門上方有面牌碑，「北門鎖鑰」四字是清朝臺灣首任巡撫劉銘傳親筆所題，可見「滬尾礮台」的建造對當時北臺灣海防的重要。

2 「滬尾礮台」營門通道幽暗的長廊猶如時光隧道，將參觀者從外面的現代場域，瞬間帶入另一個古代戰場的時空。

3 從這個「滬尾礮台」復原模型，多少可以想像當時砲營的模樣。

4 覆蓋在兵房上方的土層是砲堡的「被覆」工事，其上植草具有吸彈作用，「被覆」上端開立有兵房的通氣孔。

「滬尾」之名是個謎，「礮台」二字就玄了。相信如果單單一個「礮」字，很多人會唸不出它來、也不曉得它的意思；或者索性有邊讀邊把它唸成是「ㄐㄧㄠ」了，至於它是何意？或許就隨便猜猜囉。

還好，我第一次就給猜對唸對了，因為幾年前剛移居到淡水時，就聽說了有一處「滬尾『砲』台」的古蹟，所以我猜它並不難。其實「滬尾『礮』台」是官方的正式定名，「礮」雖是「砲」古字，不過兩個字形實在差很大，我覺得一般人應該還是比較習慣「砲」字吧。

這處古蹟我來了好多次，記得第一次造訪它時是個寒冬天，空中還飄著細雨，廣場四周的幾棵老樹披著一層濕潤的青苔，空氣中瀰漫著濛濛的霧氣，彷彿將時間空間帶回古戰場，有一種迷茫又有一點神祕。

後來幾次來到這裡，都是烈日高照的艷陽天，雖然青綠的樹苔還沒完全脫去，但是青翠欲滴的草皮閃閃耀眼的綠葉，讓整個場景好似從古戰場頓時幻變成凱歸的場面。儘管風光如此明媚，太陽還是熱得厲害，只好躲進陰涼的「甬道」中避避暑氣。

「滬尾礮台」園區內有許多老樹，西下的夕陽在油綠的草坪上拉出修長的樹影，像是永遠打不倒的巨人，這也是黃昏時刻砲台最美的風景。

1

3

2

1　此為士兵進出砲堡的「甬道」出入口。「甬道」是士兵日常活動及作息的空間，甬道互相連通著，以方便戰時的防衛調度。

2　砲座周圍的壁體布有數個凹陷的孔洞，光看孔洞的形狀便知道是放置砲彈之用的「儲彈槽」，作為戰時放置彈藥以便就近裝填。

3　砲座的設計呈圓弧形，以讓砲架可以作 360 度靈活的迴轉，因此射角幾乎可以涵蓋整個淡水河口。

INFO

地址：新北市淡水區中正路一段 6 巷 34 號
交通：公車 857、紅 26、836 →「滬尾礮台」下車
開放時間：星期一至星期五（每月第一個週一休館）09:30~17:00；星期六、星期日 09:30~18:00

淡水海關碼頭園區（洋樓）

04

從「捷運淡水站」沿著河岸一路往西走，走到了最尾端會見到一座小橋，過了小橋便是「淡水海關碼頭園區」。因為它是昔時的碼頭，所以靠河邊還能見到一九〇一年建造的碼頭所遺留下來的十五根石造「繫船柱」。因此，可以想見當年船隻靠港時一字排開的盛況。雖然這碼頭園區就在紅毛城對面，不過似乎很少遊客知道其實此處也是黃昏時刻觀賞夕陽的絕佳地點。

1 從船屋遺跡處跨過此橋便進入「淡水海關碼頭園區」。
2 在進入「淡水海關碼頭園區」前會看見此件遺跡，它是原領事館的船屋所在，1972 年領事館撤館後就此荒廢，2009 年依原貌稍予重建。可惜的是現在竟然把它當自行車停車場使用，感覺有點不太重視歷史遺跡。

洋樓

海關碼頭園區除了河岸碼頭外，主要的建築物是兩間倉庫，這兩間依原貌重建的倉庫目前作為藝術空間，時常有不同性質的藝術展覽。我散步經過時會入內參觀，有一次剛好展出「淡江大橋」競稿的設計模型，不過這已是一、二年前的事了，如今仍然未見此橋有動工的跡象。另有一次參觀的是大學建築科系的模型展，其餘則大多是畫展。老實說，如果以專業藝廊的標準來看，這倉庫充當的展場光線配置並不理想，感覺似乎仍可改善得更好。

倒是園區另一棟「洋樓」建築較有看頭，它的磚石外牆仍然保有古意，上層外牆由紅磚疊砌、下層外牆則裸見石材建構，上下兩色分明，是很具巧思的設計。目前這棟「洋樓」內部經營咖啡廳，二樓及戶外皆設有咖啡座。也許因為一般遊客較少涉足這處景點，所以「洋樓」附近園區平常顯得相當寧靜。如果你也是喜愛獨享安靜風景的人，不妨到此點杯咖啡，吹吹清爽的海風，同時欣賞晚霞的美景。

2016

2

1

3

1　從「洋樓」二樓優雅的咖啡座望出去，戶外的咖啡座也顯得很悠閒。

2　「洋樓」外牆上下兩層由不同的建材構成，相當具有建築特色。一般遊客很少走到這處景點，也因此「洋樓」四周平常顯得相當幽靜。

3　園區裡這兩棟重建的倉庫，現在作為藝術空間使用，時常有藝術展覽。

1　園區戶外可見名為「飄航紀事」的裝置藝術，以漂流木建構出一艘翻覆的古船，蘊寓深遠發人省思。
2　「洋樓」外頭有個「忠義池」，是海軍海蛟四中隊駐守時所建。

INFO

地址：新北市淡水區中正路 259 號
交通：公車 857、紅 26、836 →「紅毛城」下車
開放時間：星期一至星期五（每月第一個週一休館）09:30~17:00；星期六、星期日 09:30~18:00

淡水文化園區
（殼牌故事館）

05

「淡水文化園區」原是十九世紀末英商「嘉士洋行」及「殼牌公司」先後設置倉庫的地方，二〇一一年完成了當年磚造倉庫、鐵道及月台等歷史建物的復原，並在園區入口處立了一個「淡水文化園區」的石碑。園區特別保留一間倉庫作為「殼牌故事館」的展館，而我所任教的「淡水社區大學」也利用其中幾間倉庫作為教室。

我自從在「淡水社區大學」教授水彩繪畫，進出這個文化園區的次數已不下數百回，對於園區內的一草一木並不陌生，也常以園區的景緻作為繪畫教學的題材，因此我對這園區有一種特殊的親切感。

右圖可以看到復原的磚造倉庫建築、鐵道遺跡及「淡水文化園區」石碑，上圖畫的則是舊時的月台遺址場景。

殼牌故事館

進入「淡水文化園區」後直走到園區的最後面，便可見到這處「殼牌故事館」（也稱「殼牌倉庫」），右手邊立有「殼牌故事館」石碑，大門外還擺置著幾個印有「殼牌石油」標誌的大油桶。由於此處當年是臭油味四溢的儲油場，因此昔日淡水人都稱此地是「臭油棧」；二戰時曾遭到美軍轟炸，倉庫的油料連燒了三天三夜。

老實說，在未搬到淡水居住並參觀故事館之前，我完全不知道早在一百多年前，「殼牌石油」與淡水曾有過這段淵源。

「殼牌故事館」 也稱「殼牌倉庫」，它原是殼牌石油的一處庫房，於 2011 年 11 月 4 日開幕並開放供民眾參觀。故事館空間雖很小，但經常設展出一些與「殼牌石油」之歷史及事業沿革的相關文物。

INFO

地址：新北市淡水區鼻頭街 22 號
交通：自「捷運淡水站」出站後，往右手方向前行，穿過馬路步行約 2 分鐘即可到達
開放時間：星期二至星期日（週一休館）09:00~18:00；每週六、日下午 15:00~16:00 有導覽解說

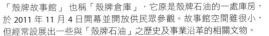

06

重建街
（淡水第一街）

現今多數人所稱的「淡水老街」，指的是沿著河岸有吃有喝、攤販林立的公明街及中正路。殊不知就歷史沿革及發展意義而言，這條隱身在福佑宮後方的「重建街」，才真正是淡水的第一條老街。

這段長約五百公尺的舊老街，自清乾隆時期便有「淡水第一街」的稱號。但為何稱「重建街」呢？相傳是因為清嘉慶年間對岸的八里城遭受大水患，災民於是渡水搬遷到這裡並重建家園。只是當時的人稱此街為「九崁街」，據說是因為登街的石階共有九個階段（九崁），但也有人說是因為最初這裡只有九間店鋪的關係。「重建街」其實是一九四九年才改的名稱，我個人認為還是舊名字「九崁街」別具鄉土味，比較能讓人聯想它是條老街。

福佑宮右側的這道石階，便是登上重建街的入口。自嘉慶年間起，這條舊老街便沿著山坡發展，可惜如今已難再窺其全貌了。重建街每逢週末假日，偶而仍會出現創意市集重現熱鬧街市景象。

福佑宮左右兩側各有一道階梯，可通往廟宇後方坡上的「重建街」。左側石階應是近代造作的水泥階梯，新近被塗上代表淡水風情的舢舨船、福佑宮媽祖等彩繪以吸引遊客。右側的石造階梯應是「九崁」石階的舊跡，所幸沒遭到塗鴉破壞。

INFO

地址：新北市淡水區重建街
交通：由於公車並不行駛老街，所以從「捷運淡水站」步行大約 10 分鐘到福祐宮後，從廟邊的石階往上走即可通達重建街
貼心提醒：既然到了重建街，除了福祐宮及戀愛巷一定不會錯過外，建議順道就近參觀祖師廟及紅樓。

戀愛巷

「重建街」也是我固定選擇的散步路線之一，我喜愛走這條路的原因是因為這裡遊客很少不喧吵，而且幾乎沒有車輛串行，走起來既愉快又安全。

第一次走經這間「重建街」古厝時，立刻被它那滿布青苔的石階石牆所吸引。加上這古厝老舊的磚牆及頹敗的磚砌欄杆，隱約散發著一種樸質不言的美感。我在感動讚嘆之餘，便動筆畫下了這幅畫，這應是古老淡水最美的角落之一。

這間青苔古厝就座落在人稱「戀愛巷」的巷口，這巷名浪漫的暱稱，似乎是近年才被「文創」出來的，感覺很跟上文青的風潮。這齣「淡水戀情」的戲碼，是關於淡水知名作家王昶雄與一位當地女畫家林玉珠的戀愛故事，而這條巷子便是他倆溫馨接送情的場景。

「重建街」倖存的古厝已不多了，這間青苔古厝算是最具古味的一間，它就像一位睿智從容的百歲老人佇立在這裡，不言不語無喜無悲迎送歲月，我希望它能以這樣閒逸的姿態繼續看待淡水百年。

「重建街」倖存的古厝已沒剩幾間了，這幾間房舍外觀看起來年歲較老，也是較常被提及的「重建街」古厝，看起來似乎都是仕紳名望門第。從這幾間古厝老屋的殘味餘韻，似乎仍可嗅出當年的人物風華。

07

紅樓

自從愛上「重建街」這條私房步道後，三不五時就會走它一趟。有一回走到「戀愛巷」巷口，發現斜對面有個小小的路標寫著「紅樓」二字，一時好奇便順著路標走進去，穿過一條窄得不能再窄的羊腸小徑後，不意柳暗花明發現了這間古意盎然的紅磚建築。乍看之下，覺得它跟「前清淡水關稅務司官邸」長得很像。不過，這棟「紅樓」只是民居並非官舍，它原是淡水富商李貽和於一八九九年所建，目前一、二樓是中式餐廳、三樓是西式餐廳。

INFO

地址：新北市淡水區三民街 2 巷 6 號

交通：前往「紅樓」三條路徑：

1. 由「捷運淡水站」往老街方向步行約 10~15 分鐘至中正路 228 號（即「阿婆鐵蛋」對面），右轉進入小巷石階往上走
2. 沿福佑宮旁邊的石階上去，再穿過「戀愛巷」斜對面的一條羊腸小徑繼續走
3. 從「木下靜涯紀念公園」的一處階梯（馬偕雕像小公園右側）往上走

開放時間：週一至週日 11:00~22:00

Part 2

馬偕足跡

溫情夕陽下的淡水河岸，有個虔誠蹲跪的身影，他是淡水的傳奇「馬偕」。

馬偕是加拿大傳教士，於十九世紀末期來到臺灣落腳在淡水傳教並行醫。這處正是他一八七二年三月九日當時登岸的地點，他的行囊不多，一只小皮箱、一本聖經，如此而已。是信念帶他來到這塊土地，是愛心讓他在這塊土地上深耕，是希望讓他的事蹟傳承留芳。這樣「愛不止息」的人道精神，化作不朽的泥土滋養了淡水。

馬偕在淡水留下許多足跡：滬尾偕醫館、牛津學堂、牧師樓、姑娘樓、婦學堂、女學校、教士會館等。真理大學最近已將這些「馬偕足跡」，規劃成為一個「馬偕歷史文化園區」。

01 馬偕雕像公園

這座「馬偕雕像」於一九九五年豎立在中正路、三民街交叉口的這處小三角公園，除了緬懷其人道精神外，也因為人稱「馬偕之路」的馬偕街從此處起頭。

此雕像不僅是「馬偕歷史文化園區」的第一站起點，還具有特殊的文化意義，因為它也是淡水「漢洋文化」的分界點。從雕像此處分界，可將淡水的歷史版圖及文化活動分為兩大區塊：「洋人區」及「漢人區」。雕像以西是「洋人區」（包括西洋人和東洋人），主要是洋人的作息區域，紅毛城、教堂、日人故居等都在這區域；雕像以東則為「漢人區」，為漢人的活動範圍，廟宇、老街等幾乎都在此範圍。

1

2

1　馬偕雕像已成為淡水的重要地標與人道精神象徵。
2　馬偕雕像小公園立佇著指向「馬偕街」的路標，因為這雕像正是「馬偕歷史文化園區」的起站。

INFO

地址：新北市淡水區中正路、三民街交叉口
交通：從「捷運淡水站」沿著老街步行大約 15 分鐘可到
貼心提醒：淡水美食阿婆鐵蛋、淡水魚丸、淡水阿給、古早味蛋糕、炭錢胡椒餅以及紅樓餐廳都在附近，不要忘了順便品嚐一下。

滬尾偕醫館

02

相信很多人到淡水一遊必逛老街，沿著老街一路走過來，躲過了美食的口舌誘惑、避過了叫賣的疲勞轟炸、再穿過了人群的擁擠叢林，終於來到老街的尾端。順著老街的尾端馬偕雕像公園的「馬偕街」指標走沒幾步，便看到這間「滬尾偕醫館」。

看了醫館的解說才知道，「滬尾偕醫館」的「偕」字指的並非馬偕博士本人，而是取名自一位醫館興建捐款人美國婦女亡夫的名字（剛好也叫「馬偕」）。

一八七九年馬偕在此處創設這間醫館，行醫救人並傳播福音。一九〇一年他逝世後這醫館一度關閉，直到一九〇五年加拿大長老教會再派醫生前來才重開醫館。一九一二年為紀念馬偕博士傳教四十週年，始於臺北開設現代化醫院，也就是現今的「馬偕紀念醫院」。

1

「滬尾偕醫館」雖部分空間目前開設咖啡館，但仍保留空間作為展覽室。展覽室中展出與馬偕博士相關的資料及文物。

4

2

3

1　展示櫃中陳列著與馬偕博士生平相關的著作書籍及文物。

2　這些是馬偕當博士年使用過的物件，包括：手杖、藥甕、洗眼杯、放大鏡、望遠鏡、懷錶，以及一本記錄教徒的受洗名冊。這些馬偕博士本人使用過的私人物品相當珍貴，保存狀況也相當完好，值得仔細端詳。

3　馬偕博士當年在「滬尾偕醫館」行醫為民眾看病時，所使用承裝藥品的藥甕、藥罐等物件。

4　「滬尾偕醫館」門口立有石碑，清楚寫著「馬偕紀念醫院發源地」。可以想見這個當時是北臺灣第一間西式醫院的小小醫館，在臺灣醫療史上所扮演的領頭羊的地位。

INFO

地址：新北市淡水區馬偕街 6 號
交通：自「捷運淡水站」沿老街步行約 15 分鐘，到達馬偕雕像處往小巷走約 20 公尺即達醫館
開放時間：週一至週四 11:00~18:00；週五至週日 11:00~19:00（含國定假日）

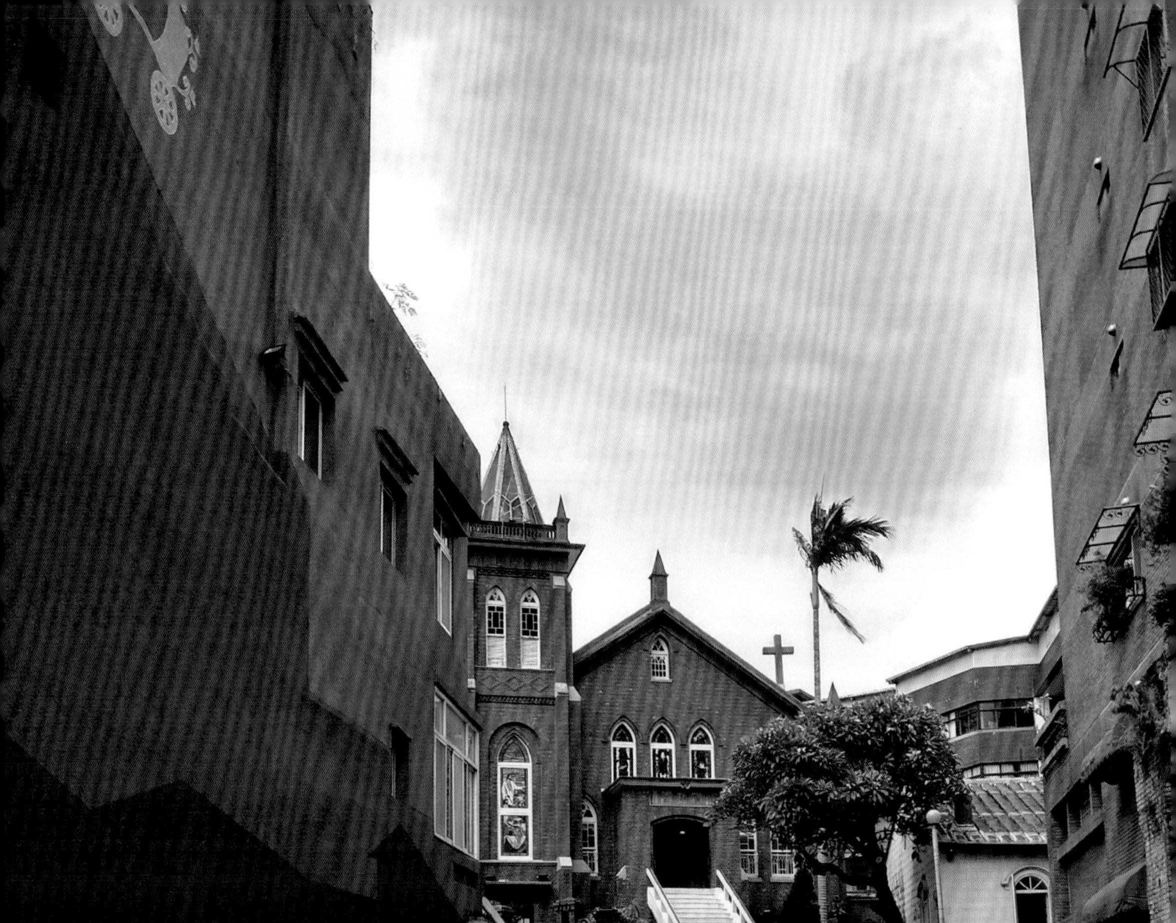

03 淡水禮拜堂

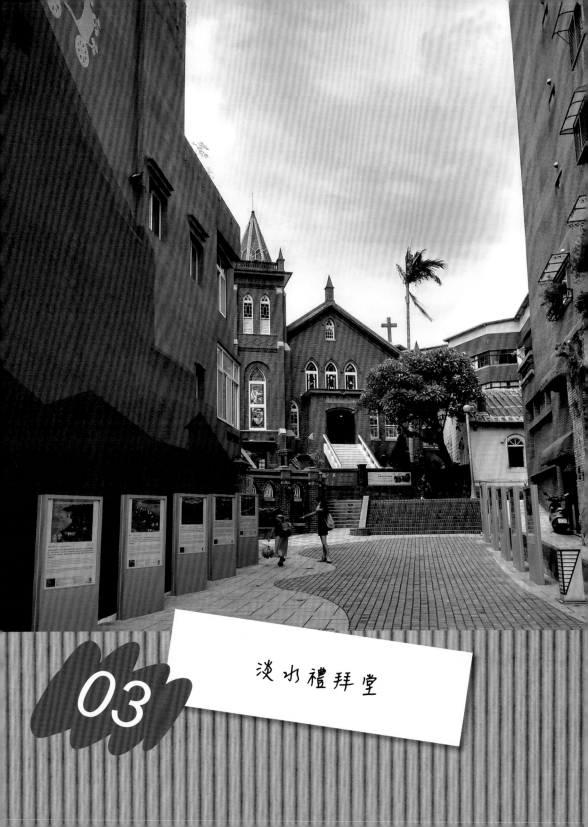

「淡水禮拜堂」是淡水最美的景緻之一，紅磚的建築是淡水典型的建築風格，高聳的哥德式鐘樓尖塔，給人神聖崇高心靈昇華的感覺。所以過去許多畫家常以這座教堂作為創作主題，為淡水留下美好的畫面。這禮拜堂目前除了是信徒們禮神崇拜的心靈殿堂外，也設有「松年大學」，是社區民眾進修學習的場所。

1 禮拜堂前方置有一口「福音鐘」，從鐘面的「YORK」鑄字，可以知道此鐘可能是美國鑄造的。這口鐘聲音宏亮渾圓，據說甚至可遠傳至對岸的八里。如果知道一首臺灣民謠〈淡水暮色〉的話，應該知道歌詞中有一句「教堂鐘聲心空虛，響對海面去」。這句歌詞指的教堂鐘聲，便是這口「福音鐘」。
據說早在這座禮拜堂興建之前，這口鐘就已使用多時了，所以它是一口老鐘。隨著歲月的流轉，它甦醒了許多迷失的心靈，如今終得以卸下任務告老沉息於此。

2 「淡水禮拜堂」原先被前方的房子所擋住，隱身在小巷弄之中。後來在整建街道時將前方的房子予以拆除，並闢建為休憩廣場。街道整建後，休憩廣場視野大開，讓「淡水禮拜堂」顯得更為大器可觀。新闢的廣場空間地面鋪設了磁磚，旁側則保留了原屋的紅磚牆面及老舊窗框、棟梁柱孔，也算是老屋遺蹟吧。

3 「淡水禮拜堂」側邊一條通幽小徑，同樣是鋪陳淡水紅磚的風格，讓人感受到古鎮的樸質溫暖。我還未曾真正走進去過，不知它會通往何處。

4 廣場空間的另一側牆面，新近重新粉刷並闢為「陳澄波戶外美術館」。陳澄波是臺灣前輩畫家，畫過不少以淡水為題材的畫作。此處雖名為「美術館」，但實際上比較像是「美術牆」；因為所見到的畫廊，其實就只是一排複印畫海報而已。

禮拜堂

自從幾年前移居並愛上了淡水的人文氣息後，便時常徒步走經這處禮拜堂，幾年下來這裡的周遭變化了不少。先是禮拜堂前方房舍的拆除，闢出了一片休憩廣場，讓這禮拜堂更容易親近；再來就是廣場上最近設起「陳澄波戶外美術館」，讓整個環境添增了些人文氣息。

這棟禮拜堂可能是淡水最受歡迎的教堂，無論是否是基督徒，來到淡水的遊客總要在此拍照留念。記得我第一次到此禮拜堂拍照，大約已是四十年前大學時期的事了，為的是一門「攝影學」的功課。拍的是鐘樓尖頂的特寫，不過當時拍的還是黑白照片，無法記錄下它紅磚溫潤的色彩。如今舊地重遊，看它英姿依舊，且用手上的彩筆草就此畫，總算為當年欠缺的色彩補上一筆了。

INFO

地址：新北市淡水區馬偕街 8 號（「滬尾偕醫館」隔壁）
交通：自「捷運淡水站」沿老街步行約 15 分鐘，到達馬偕雕像處往小巷走約 20 公尺即達
開放時間：外部平時開放參觀，教堂內部除教會禮拜時間及舉辦活動外，並不開放參觀。

馬偕舊租屋處

04

位在中正路尾端郵局對面馬偕街上的這間古樸雅舍，據說其舊址曾經是馬偕初抵淡水時最早的租屋所在（約位在現今馬偕街二十之二十四號）。惟當年房舍的舊模樣今已不復存在，目前這間雅舍的磚瓦看似猶新，應是後來修建的仿古建物。

雖然說是馬偕的舊租屋所在，但事實上這處原先只是個馬廄。馬偕博士在日記上寫著：「租到了一幢房子，這房子原本是一位中國官員要做為馬廄的，我付了訂金後就著手洗刷並請工人灑石灰消毒房子，也將下水道大肆整理一番……」「我只有兩只木箱，沒有床，也沒有桌椅，雖是如此，但我已有可以自由使用的房子，比起富人的大廈，多麼令人高興啊！」可見傳播上帝福音的他，在意的並非自身的養尊處優，而是如何從這裡開展傳教布道的工作。像這樣安貧樂道的美德，就誠如孔子所言的「居陋巷而不改其樂」。

INFO

地址：新北市淡水區馬偕街 20-24 號
交通：自「捷運淡水站」沿老街步行約 20 分鐘，到達馬偕雕像處往小巷走（「滬尾偕醫館」、「淡水禮拜堂」往前再走約 2~3 分鐘右轉上坡處）
開放時間：目前似為私人居住房舍，平時外頭都有矮柵門隔離，所以只能從柵門外觀訪，無法入內參觀。

真理大學

05

真理大學的外文校名為「Aletheia」，它是古希臘語「真理」之意，當然也象徵著馬偕博士一生傳布真理的精神。校區內主要建築物包括：牛津學堂、馬偕故居、姑娘樓、牧師樓、教士會館、大禮拜堂等。

學校的歷史源自一八八二年七月二十六日馬偕在此所設立的「理學堂大書院」（又稱「牛津學堂」）。直到一九六五年，才在書院的原址設立「淡水工商管理專科學校」，一九九四年改制為「淡水工商管理學院」，自一九九九年起升格改制為「真理大學」。

為了緬懷紀念馬偕博士當年辦校興學的創舉，聽說校方曾有意與馬偕醫學院、馬偕護校等校合併，並將校名改為「馬偕大學」。

從「理學堂大書院（牛津學堂）」、「淡水工商管理專科學校」、「私立淡水工商管理學院」、「真理大學」這幾面校牌，可以追溯學校歷史超過百年以上。

這座「宣教六十週年紀念碑」立在真理大學校園的角落，是為紀念馬偕於 1872 年 3 月 9 日登岸抵達淡水傳教，於 1932 年剛好期滿六十週年，所以特立此碑以為銘記。

理學堂大書院（牛津學堂）

這間「理學堂大書院」老建築物是真理大學發跡的地方，或更精確一點的說，學堂右手邊那顆大榕樹才是真理大學真正的「根源」所在。因為馬偕博士當年初在淡水宣教教學時，並沒有固定的校舍可使用，所以常常在這棵大榕樹下，聚集門生上起課來。因此，這棵大榕樹可以說是較早的臨時教室，如今大樹旁立有個牌子解說這段故事。

走近書院抬頭一看，門楣上題刻有「理學堂大書院 Oxford College 1882」等字。雖然中文取名「理學堂大書院」，但因為這座書院是馬偕在加拿大牛津郡的鄉親捐款籌建的，英文取名為「Oxford College」，因此也常被直稱叫「牛津學堂」。

這棟歷史性的校舍也是國定古蹟，目前它作為真理大學校史館使用，展出有關創校歷史、辦學成績等相關資料及文物，以及馬偕個人及家族的老照片、文書等珍貴史料。

2

3

1

5

4

1-2 校史館展出收藏的資料、文物以及泛黃的老照片，詳細介紹今日的真理大學是如何從「榕樹下」發展起來的，以及學校在不同階段的辦學成績。

3 現任校長本身是畫家熱愛繪畫，所以最近特別將校史館內部後方的空間規劃為畫廊，讓校史館增添了藝術氣息。

4 門楣上的「Oxford College 1882」題刻特別有意思，很容易讓人誤以為此「Oxford College」跟英國的牛津大學有關係。不過在看過館內的校史解說後，便可以知道此「牛津」並非彼「牛津」。聽說也因有此「Oxford College」一層淵源，所以當初在改制為大學時，校方曾一度有作「牛津大學」之想。

5 來臺宣教的馬偕博士於 1880 年回加拿大述職時，曾向家鄉牛津郡的鄉親提說自己「在大樹下以蒼空為屋頂」從事宣教教育工作。這棵位在學堂池塘邊的大榕樹，便是馬偕口中所說的「大樹教室」了。

「理學堂大書院（牛津學堂）」於一八八二年九月十四日正式開堂授課，當時招收的學生只有十八名，他們也可能是最早接觸西方教育的一群臺灣人。很難想像今日的真理大學，竟然是從十八個學生的規模，慢慢發展出來的，真可謂是「十年樹樹，百年樹人」。

真理大學校園很清幽，尤其是「牛津學堂」前方的這塘池水更美。這池塘可說是真理大學最吸睛的焦點，池中魚兒悠遊穿梭水間，不時還有烏龜攀爬石上曬太陽。池塘前方的花圃有鋪石小徑曲折其間，花園四周的老樹扶疏綠蔭納涼；難怪「牛津學堂」是遠近遊客必訪勝地，也常有畫家在此寫生作畫，二〇一六年初夏我也曾帶領學生到此寫生。

此處也是我散步路徑的中途休息站，時常在這裡巧遇許多年輕漂亮的韓國女性遊客，因為她們有個共同特色，除了顏面粉妝得白皙之外，就是口紅塗抹得特別的艷紅，所以我暱稱她們叫「紅唇族」。

1 花園的老樹下迎風納爽坐觀池魚，是真理大學校園裡最恬靜悠閒的憩息處，因此也是我經常散步的中途休息站。

2 池塘裡除了經常見到的一些魚兒悠哉悠哉地水中游外，偶而還會有烏龜爬到石頭上曬太陽，不知它們是魚兒的舊玩伴，還是被人放生的新住民。

大禮拜堂

真理大學校園這棟美奐美輪的「大禮拜堂」隔著池塘與花園，剛好與「牛津學堂」面對面，形成一高一低、一新一舊有趣的對比。它雖是一九九七年才興建完成的新建築，不過它紅磚色的外牆及水泥塗壁的色調，與旁邊古蹟的紅磚式建築群還算協調。整個建築設計大致屬於哥德式風格，無論是大門、窗戶或是屋頂，處處可以見到尖聳的設計造型，甚至連學校大門的造型，也配合哥德式風格而設計，尤其是左右兩座塔樓更是這建築的主角。我個人的觀察覺得，此塔樓的上半截樓塔似乎承襲了淡江高中「八角塔」的風格，而下半截樓體則有幾分「淡水大禮拜堂」塔樓的味道，或許可以說是這兩棟特色建築的巧妙結合吧。

只可惜「大禮拜堂」並不對外開放參觀，所以即使像我這樣經常的「過客」，至今仍不得其門而入，無法一窺其內部堂奧。不過大禮拜堂內有一座手工打造的巨型管風琴，聽說是臺灣最高的管風琴。

2

1

1-3 校門及「大禮拜堂」設計均採哥德式建築風格。
4 2016 年帶領學生到此寫生，我在大禮拜堂的「涼亭仔腳」下畫寫牛津學堂。

4

3

「真理大學」最主要的一條路便是貫穿校園的「3H 大道」，所謂「3H」指的是：謙遜的（Humble）、人道的（Humane）、幽默的（Humorous），這三種品格便是「真理大學」的辦學理念。「3H 大道」通往學校後門的一段，是條像是綠色隧道的林蔭大道，來到「真理大學」一遊務必記得走一趟。

INFO

地址：新北市淡水區真理街 32 號
交通：公車 857、紅 26、836 →「紅毛城」下車，紅 36、紅 38 →「真理大學」下車
開放時間：週二至週六 10:00~16:00（真理大學校園則每日全天開放）

06

牧師樓

出了真理大學大門，對面是一棟有著美麗庭園的紅磚建築，它是「牧師樓」，因為這裡先後住過幾位牧師。它也是真理大學校舍的一部分，二樓是副校長室、一樓則是一家名為「牧師樓古蹟亭園咖啡」的庭園咖啡館。目前的庭園除了原有的幾棵老樹外，也栽植一些花草，並設置了石桌石椅，讓遊客可以在此歇腳休息。

「牧師樓」是吳威廉牧師在一九〇九年為自己所建的宿舍，他於一八九二年來到淡水協助馬偕博士從事宣教工作，因為他也具有建築的專業知識，所以這棟建築物是他自己設計的。包括隔壁另一棟型式幾乎相同的「姑娘樓」，也是出自他的設計手筆。兩棟雙胞胎建築唯一的區別是花瓶欄杆的顏色，這棟「牧師樓」的欄杆是白灰色的，而「姑娘樓」則是青綠色的；由於「牧師樓」於日治時期曾被淡江高中租用作為學生宿舍，當時稱作「青龍寮」，而其相鄰的另一棟「姑娘樓」則稱作「朱雀寮」。說真的，剛開始我也是不分清楚的，後來才慢慢發現他們之間的這點差異。雖然這個「寮」字現今聽起來似乎不太高雅，或許有點聽不習慣。事實上，日治時期一般人確實稱學生宿舍為「學寮」。不過，既然這兩棟建築一稱「青龍」、一叫「朱雀」，仍男女有別，將男舍與女舍很容易分辨得清楚。

據我觀察的結果，淡水古蹟建築的一項重要元素便是紅磚外牆，幾乎淡水所有的古老建築的主要建材都採用紅磚，所以，如果要問哪個顏色是淡水的代表色，我會毫不遲疑地說就是「紅磚色」。

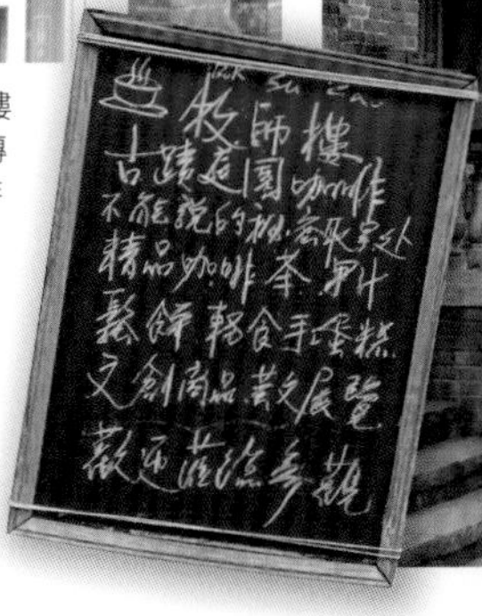

「牧師樓」的一樓現今經營名為「牧師樓古蹟庭園咖啡」的咖啡館，穿過一道紅磚拱門，美麗的庭園便現在眼前。這家咖啡館除了提供咖啡茶飲外，也有鬆餅、蛋糕等輕食。除了室內座位外，戶外庭園也設有座位，甚至二樓的迴廊也有幾桌咖啡座椅，實為一處觀賞淡水夕陽的私房景點。店內也販售一些具有淡水特色的文創商品，店內空間也是個小藝廊，不時會舉辦藝文展覽，作品就直接掛在牆上展出。

INFO

地址：新北市淡水區真理街 32 號
交通：公車 857、紅 26、836 →「紅毛城」下車
開放時間：週一休館；週二至週四 10:00~19:00；週五至週六 10:00~21:00；週日 10:00~19:00

07 姑娘樓

「姑娘樓」與「牧師樓」比鄰而立，都是吳威廉牧師所設計建造的，因此兩棟建築的外型相似彷彿雙胞胎。但事實上，吳威廉牧師是一九〇六年先建了「姑娘樓」，三年之後之後才又建「牧師樓」的。因此，可以說「姑娘樓」是姊姊，「牧師樓」是弟弟。

當時所謂的「姑娘」，是指教會裡奉獻青春和終身幸福來臺的外籍單身女宣教士，因為這棟建築物先後曾經住過多位女宣教士，故稱「姑娘樓」。現今「姑娘樓」是真理大學的校長室，所以並不對外開放，不過戶外園景倒是可以自由參觀的。

前頁畫中左方遠處的紅磚建築是「牧師樓」，右方近處白色粉牆建築是「馬偕故居」，兩者之間的紅磚建築便是「姑娘樓」。從「姑娘樓」穿過白色的拱門，便可進到原為馬偕故居的「馬偕紀念館」。

INFO

地址：新北市淡水區真理街 32 號
交通：公車 857、紅 26、836→「紅毛城」下車
開放時間：內部是校長室不開放，戶外自由參觀。

08 馬偕故居（馬偕紀念館）

2012

右邊這張畫作完成於二〇一二年，當時這棟建築單純只是「馬偕故居」（或有人稱它是「馬偕古厝」）。二〇一五年真理大學開始規劃「馬偕歷史文化園區」，其中一項規畫便是在「馬偕故居」設立「馬偕紀念館」，直到二〇一六年紀念館才完成布局，正式對外開放參觀。

自從完成這張畫作後，有幾年的時間雖然還是時常徒步往返於真理街上，但因為這棟「馬偕故居」過去並未對外開放參觀，所以也就沒想到要再造訪它。直到二〇一七年年初，有一次又途經真理街，那天不知為何突然心血來潮便轉進這處「馬偕故居」。突然發現門邊多了一面小招牌，上面寫著「馬偕紀念館」。我一時好奇便推門入內參觀，並意外地發現了一些之前從未見過的史料文物。

2

1

1 「馬偕紀念館」於2016年紀念館對外開放參觀。進了大門一道藍色地毯導向長廊的盡頭，館中除了展櫃中所陳列馬偕的相關文物及私人收藏外，牆壁上的文字資料及照片也解說馬偕在臺之足跡及行誼。

2 這塊館牌自2016年5月28日開館日起便掛在入口處。

從「姑娘樓」方向走過來，便見到這棟白色粉牆的「馬偕故居」，故居的內部便是「馬偕紀念館」。

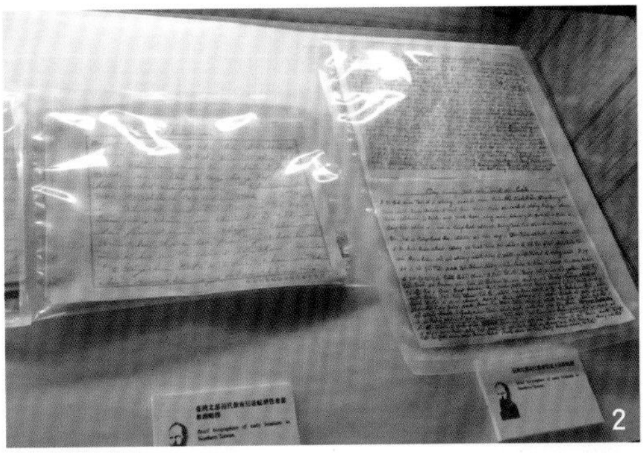

1 「馬偕紀念館」走廊的盡頭立著一尊馬偕博士的雕像。
2 展出的文物之中，可見到馬偕博士親手書寫的手稿。
3 這是馬偕當年學習漢字所使用的書籍，由於年代已久部分書頁已遭蟲蛀。
4 這片刻著「春風」二字的匾額，是馬偕的多位門生敬贈給他的。

INFO

地址：新北市淡水區真理街 4 巷 2 號
交通：公車 857、紅 26、836→「紅毛城」下車，往「真理大學」大門方向走。抵達「真理大學」大門後，由「牧師樓」、「財經學院」或「姑娘樓」的小徑步行約 2 分鐘即可到達
開放時間：週二、四、六 10:00~16:00，週一、三、五、日休館

教士會館

09

這棟「教士會館」與「馬偕故居」中間只隔著一個網球場，兩棟建築的外型幾乎是一模一樣的，唯一小小的差異是外觀的顏色稍有不同。因為「教士會館」與「馬偕故居」是同時於一八七五年建造的，也都同樣出自馬偕博士之設計監造。

這棟建築物當時主要是供助理牧師居住的宿舍，曾有多位助理牧師陸續住過這裡，故稱「教士會館」。二戰期間，淡江高中曾租用作為學生宿舍，之後德記洋行也曾租用，二〇〇九年起才再修復其舊觀。

目前「教士會館」一樓為一家餐廳，提供飲品輕食簡餐；二樓則是真理大學的「臺灣文學資料展示中心」。有一回我和妻子就在一樓餐廳喝下午茶，就坐在靠落地窗的座位，此時黃昏的陽光透過蕾絲窗紗透射進來，讓人感覺格外溫馨浪漫。

這餐廳的陳設質感還算雅緻，惟因顧及保護室內的古蹟地板，所以入內用餐必須脫鞋穿襪，這點也許稍嫌不方便。

INFO

地址：新北市淡水區真理街 32 號
交通：公車 857、紅 26、836 →「紅毛城」下車
開放時間：週一 休息；週二至週日 10:30~17:00

淡江高中

10

「淡江高中」校門

近年由於電影《不能說的祕密》的開拍及校友周杰倫名氣的加持，讓這所百年老校再度聲名大噪，成為遊客最愛的淡水景點之一。因為校園從一、二年前就不再對外開放參觀了（除非事先預約），所以經常看見遊客們失望地站在大門外往校園裡探頭觀望。

1 「淡江高中」位於真理街26號，這條幽靜的小路一邊是淡江高中，另一邊則是「馬偕故居」後方的紅磚圍牆，這圍牆應該跟「馬偕故居」一樣，都已超過百歲的年紀了。

2 紅磚砌牆分成上下兩段，上半段是較小的磚頭、下半段則是大片的磚塊。由於使用的兩種磚材明顯不同，也許分別是在不同年代所砌。儘管如此，仍然記錄著歲月的滄桑，常年的水漬沿著牆面所留下的苔痕，像是悠遠歷史的淚痕，難以抹去。

3 牆角飄落的幾片枯葉，也像淡水這個歷史小鎮，隨著歲月的流轉，往昔的風光已蛻變成今日的風華。

八角塔

我個人認為，這棟將近百年歷史的「八角塔」是淡江高中校園裡最美的建築景觀。建築設計巧妙地結合了中西風格，八角造型的樓塔以及三合院式ㄇ型的布局，泛發著濃濃的人文氣息；加上椰林清秀搖曳的身影，更營造出優雅的校園氛圍。

「八角塔」無論從任何角度看它都美，是許多畫家很喜歡的寫生題材，我自己也特別喜愛這個景緻，所以就從不同角度畫了幾張。只可惜現在基於安全考量及安寧，校園已不再對外開放參觀；所以像「八角塔」這麼優美的景緻，一般遊客可能已經無緣得見了。所幸自我二〇一一年移居至淡水後，早些年還能有多次機會自由進出校園參觀，並以彩筆為「八角塔」美麗的身姿留下倩影。

因為這處「八角塔」也屬「馬偕歷史文化園區」的一部分，或許等安全規劃妥善之後，校方會重新開放校園讓民眾入內參觀。

「八角塔」是建築主體正面的主塔，建築的兩翼前端左右各還有一座塔，也採類似八角塔造型但形式較為矮小，有點像是衛哨性質，故稱為「衛塔」，上下兩幅畫作分別為左右兩座「衛塔」。

大禮拜堂

真理大學有座大禮拜堂，淡江高中校園裡也有座大禮拜堂，而且建成已有半世紀了，完工當時它曾是遠東最大的教堂。這大禮拜堂的塔樓上半部設計也採八角塔造型，塔體中間處有個「十字架及聖經」的圖案，這是淡江高中的校徽。

這座大禮拜堂算是我的老朋友了，記得早在大學時代，我就曾與畫友來到這兒寫生過，沒想到這回再度畫它已經相隔四十年的光景了。想當初它應該如我青春年少英姿煥發，如今比起它我雖是年邁花甲但意氣並不減當年。回想四十年前的作畫，因下筆有意故不免侷促生澀；再看今日的揮灑，則出手無心故自覺篤定俐落，也許這就是人生的歷練吧。

往校園後方走去，遠遠就看到一座名為「埔頂鐘聲」的鐘塔建築。所謂「埔頂」指的是淡水的「五虎崗」，它是由火山熔岩流出所形成的五脈地形。而淡江高中就位在其中的第二崗上，所以稱這鐘塔為「埔頂鐘聲」。這鐘塔樓看起來建築還很新，是二〇〇四年為紀念建校九十週年而興建的。每逢週日中午十二點以及下午五點，這鐘都會鳴響一分鐘，鐘聲悠揚傳送甚遠。

一九二二年一位教師將橄欖球由日本引進「淡水中學」（即「淡江高中」當時的校名），次年又組織了橄欖球隊，它也是臺灣歷史上第一支橄欖球隊。

幾年後，馬偕博士遺孀張聰明女士又捐土地蓋運動場，因此也才有現今淡江高中的橄欖球場。只是現在淡江高中好像比較著重人文藝術教育，對於橄欖球這項運動傳統是否還一樣重視，就不得而知了。

INFO

地址：新北市淡水區真理街 26 號
交通：公車「淡海 - 板橋線」、紅 26、836 →「淡水圖書館」或「紅毛城站」下車，往真理街走
開放時間：星期一至星期五（預約登記始可參觀）；星期六、星期日仍有開放（唯團體一律必須事先預約）

這座「台灣橄欖球開球紀念碑」雕像座落在淡江高中校園的一個角落，它是臺灣第一支橄欖球隊在此成立的見證。

這棟「婦學堂」就位在淡江高中隔壁，平時並不對外開放參觀，只接受團體預約參觀。所以，我每次經過它時也只能隔著大門探頭觀望。此座「婦學堂」以前也稱為「真」樓、隔壁的淡水女學校就稱為「善」樓、牛津學堂則稱為「美」樓，這樣「真善美」就都俱全了。

INFO

地址：淡水鎮真理街 26 號 (歸屬淡江高中)
交通：公車「淡海 - 板橋線」、紅 26、836 →「淡水圖書館」或「紅毛城站」下車，往真理街走
開放時間：平時並不對外開放參觀，只接受團體預約參觀。

11 婦學堂

淡水女學校

12

「淡水女學校」就位在「婦學堂」與「真理大學」之間，現在是私立純德幼稚園及私立純德小學的校舍，所以對外也是不開放的。這紅磚校舍距離深鎖的大門有一段距離，就像足不出戶獨守春閨的含羞少女一般，讓心儀的少男只得遙送目光欣賞她的花容美色。

INFO

地址：淡水鎮真理街 26 號（歸屬淡江高中）
交通：公車「淡海 - 板橋線」、紅 26、836→「淡水圖書館」或「紅毛城站」下車，往真理街走
開放時間：目前是私立純德幼稚園及私立純德小學校舍，所以對外不開放。

這棟「淡水女學校」通常簡稱為「女學校」，它最初稱「淡水女學堂」，1907 年始改稱為「淡水女學校」，目前建築正面山頭仍留著磚刻的「淡水女學校」校名（右方畫作的建築山牆剛好被右邊那棵棕櫚樹擋住）。

Part 3

寺廟巡禮

淡水雖然現今行政區名稱為「淡水區」，但它過去卻是個歷史古老的小鎮，也是臺灣先民最早落腳定居的地方之一。一般而言，移民社會最早建立的據點一定有宗教建築，然後就以此處為中心逐漸發展出聚落。這樣的社會發展模式在東西方都一樣，東方是廟宇、西方則是教堂。淡水有名的寺廟或宗廟也不少，寺廟像是：龍山寺、祖師廟、福佑宮、天元宮、觀音廟、鄞山寺、行忠堂，宗廟則有：燕樓。

01

龍山寺

龍山寺自建寺以來，一直是淡水先民的信仰中心，或許當初傳統市場的市集，便是以龍山寺為中心逐漸擴散形成的。如今寺廟反而被周遭的水泥叢林所淹沒，以致較難吸引外地遊客或信徒前來參訪。

淡水龍山寺建廟超過一百五十年，是淡水重要的三級古蹟，但它被包夾在市場攤位之中，外觀大概只剩下狹小的廟門可供辨識。除非是老淡水人或是來過的信眾香客，否則很難知道有它的存在，所以要找到它還真要眼尖些。老實說我也是因為陪妻子到這處傳統市場買菜，才發現這間「龍山寺」的。

寺廟創建於清乾隆年間，之後又經過重建或整修，但還是保存了相當程度的古色古香，廟內的石雕、木刻、神像也都有可觀之處，因而被列為國家三級古蹟。唯一的缺憾就是地處傳統市場之中，難免光線昏暗、環境髒亂，加上巷弄狹小、空間窒礙，因而發展難免受限。

淡水龍山寺隱身在傳統市場之中，從門口石柱上的對聯「…佛祖現身說法」的字句，可知淡水龍山寺主祀的神祉是觀音佛祖。

INFO

地址：新北市淡水區中山路 95 巷 22 號
交通：公車「淡海 - 板橋線」、紅 26、紅 36、836、39「永樂巷口」站下車，然後從中山路「臺灣銀行」旁的巷子進入；或是步行中正路(老街)，再轉入傳統市場內也可以。若從「捷運淡水站」步行至此，大約 5~8 分鐘
開放時間：全年無休 5:00~20:00

02

祖師廟

淡水「祖師廟」（或稱「淡水清水巖」）因為也不在大馬路邊，所以其實也不好找到，它位在清水街八十七號（與重建街交叉口附近）。

它興建的年代較晚，大約是在一九三二至一九三七年間。雖然廟齡不算年長，但是廟會活動倒是相當盛大，每年農曆五月五日至六日，淡水舉行祖師公（或稱祖師爺）遶境活動，也就是俗稱的「淡水大拜拜」。大拜拜兩天期間，為了敲鑼打鼓的遶境及廟會活動，整個淡水市區實施交通管制。從臺北來的車輛大概過了「捷運紅樹林站」後，就會被要求改走淡金路（登輝大道），從三芝來的車輛過了淡海新市鎮後，也一樣會被要求改走淡金路（登輝大道），連公車也都得改道行駛。

1　淡水「祖師廟」廟裡高掛著「保國生民」、「移風化育」等匾額，正殿還掛有一面光緒皇帝賜頒的「功資拯濟」匾額。不過聽説淡水「祖師廟」掛的這面御賜匾額是複製品，據説真品懸掛在艋舺「祖師廟」裡，這或許牽扯到兩座祖師廟之間的法統之爭。

2　淡水「祖師廟」的香火鼎盛，前來朝拜的信眾似乎比淡水「龍山寺」要多一些。

3　「迴避」、「肅靜」等舉牌平常就置在架上，等到每年「淡水大拜拜」遶境活動時才出動使用。

INFO

地址：新北市淡水區清水街 87 號
交通：從「捷運淡水站」沿著中山路直行再轉入清水街，步行大約 8 分鐘可達
開放時間：全年無休 4:30~21:30

福佑宮

03

「福佑宮」俗稱「淡水媽祖廟」，它就位在淡水老街上，閒逛老街的遊客絕對不會錯過它，所以常看到逢廟就拜的外地遊客或本地民眾，走到這廟口時便轉身朝廟裡雙手合十鞠躬作揖。這座「福佑宮」是淡水最老的寺廟，至今已有二百餘年的歷史了，現已列為國家三級古蹟，廟中至今懸掛著光緒皇帝賜頒的「翌天昭佑」匾額。

這「福佑宮」老歸老但無足為奇，最初引起我好奇的倒是立在廟對面的一顆大石。這大石就當街置立在路邊，讓人不得不注意到它的存在。當地人稱這大石為「媽祖石」（又稱「媽祖印」），據說昔日淡水河未建岸堤之前，此處河邊共有三顆大石，隨著潮汐時隱時現。這顆「媽祖石」便是其一，但另外二石「三點金」、「媽祖印斗」現今已不見了。

1-2 近年福佑宮廟頂上搭起了一具龐大的鐵架招牌，像是為了廟宇的修護工程，只是這樣粗劣的作法，讓人覺得很不文明也很不尊重，除了破壞了古蹟原有的面貌外，也好像是在媽祖頭上戴了一頂「鐵帽子」一樣（圖 2 是廟原先的樣貌）。

3 福佑宮比較精緻有看頭的是它外牆雕工相當細緻精美的石雕壁堵。

3

1

2

1 「福佑宮」內一排一排的宮燈祈求「風調雨順」、「國泰民安」。

2 儘管寺廟外觀已經被「鐵帽罩頂」徹底破壞了，但廟裡的宮燈依舊高掛、香火仍然裊繞，跑馬燈照常亮著「添福增壽、吉祥如意」，似乎廟內作息並未受到影響，但也嗅不出有在為修廟作準備。

INFO

地址：新北市淡水區中正路 200 號
交通：從「捷運淡水站」沿著中正路或公明街 (老街) 直行，步行大約 10 分鐘可達

04

鄞山寺

「鄞山寺」位於淡水鄧公路上，離捷運淡水站很近，從學府路走進來不消3分鐘即可到達。廟裡主祀定光古佛，所以有人說路名「鄧公」其實是「定光」之誤。「鄞山寺」在淡水地區算是少有的客家寺廟，從它強烈的藍紅對比色彩，便能感受到濃濃的客家風情，它不僅是一座將近二百年的老寺廟，同時也是當地的客籍汀州會館。廟中的棟架、疊拱、壁堵及石柱，雕刻相當精緻，應該算是最有看頭的焦點。

我畫的這池水是寺廟前半月形的大池塘，水質清澈所以飼養許多魚兒，但池邊設有「禁止餵食」的告示牌。聽說這半月池正好是蛤蟆穴的嘴巴，寺廟後方另有兩口水井則是蛤蟆的眼睛。

1 廟門外的垂花吊筒雕著蓮花，無論是上彩還是貼金，都一樣精彩奪目。
2 內殿斗座上的獅座雖然被廟內的香火燻得有點灰黑，但仍顯露炯炯的目光及生動的姿態。
3 大殿兩旁的石雕龍柱雕工一流，感覺這蟠龍簡直活現欲飛。

1 「鄞山寺」廟埕的石板質地堅實，也許是觀音石，廟埕上放置著幾口爐鼎。我注意到其中一口註有道光年的銘記，鼎身還鑄有易經爻卦圖案，如果它真的是從開寺以來使用至今，那麼歲數應該也近二百歲了，那也該歸屬這「二級古蹟」寺廟的一部分了。

2 大殿內這面「分被東寧」匾額相當老舊，一看就知道年代相當久遠。匾上寫有「光緒甲午年九月重脩」幾個字，可見這「鄞山寺」雖始建於道光初年，但曾在光緒年間重修過。

INFO

地址：新北市淡水區鄧公路 15 號
交通：從「捷運淡水站」沿著右側對面的學府路直行，大約 2~3 分鐘可達
開放時間：全年無休，夏季 6:00~19:00，冬季 7:00~18:00。

05 天元宮

1 每逢「天元宮」賞櫻季，園區裡櫻花盛開形成美麗的粉紅花海，賞花的遊客更是不絕於途。這五層的樓塔是「無極真元天壇」。

2 粉嫩的花朵綻滿枝頭，連蜜蜂也被花香吸引過來湊熱鬧。一般而言，花期大約是從二月底或三月初開始，而花開最盛的時節大約是三月至四月間。

3 「無極真元天壇」是園區裡最華麗的地標。

「天元宮」全名為「無極天元宮」，它雖位處淡水郊外，但因為園區種植許多櫻花，所以近年來成為春天賞櫻季的熱門景點，每到「賞櫻季」總是擠滿了人潮。

因為前往「天元宮」的道路狹小，每逢賞櫻季必塞車，所以建議花季期間最好在捷運淡水站右側的公車總站搭乘「賞櫻接駁專車」前往，不要自行開車以免被困在車陣中。

1　可能是已過了賞櫻季節，所以整個園區只有我與妻子兩人。我們一前一後拾級而上，登上了這座天壇，眼前景緻開闊了無遮攔，有一種登高望遠的舒暢感。雖然「賞櫻季」早就過了，已經沒有賞櫻遊客，但也就是因為這樣，所以四周環境格外清靜。我心想，或許這才是參觀「天元宮」最好的時機。

2-3　「天元宮」比較特殊的是，除了有一般廟宇的石獅外，竟然還有不太常見的石麒麟。

其實「天元宮」並非一年四季都車水馬龍，過了賞櫻季「賞櫻接駁專車」也就停駛了，加上它位處郊外離市區約有五公里的距離，所以若在非賞櫻季節期間前往「天元宮」最方便的交通工具還是自己開車。

有一回夏天我與妻子開車途經「天元宮」，看那天似乎沒什麼遊客，於是就停了車進去參觀。可能是已過了賞櫻季節，當時也正值正午時分，所以整個園區門可羅雀，只有我們兩人。

過去來到這裡，都只顧著觀賞櫻花及拍照，也從沒想過入內參觀天壇，這天興致勃勃地從一樓仔細地參觀到五樓，每層樓的空間都相當寬敞，由數根高大的圓柱支撐起來，顯得既氣派又莊嚴。登到了五樓頂往外一望，所有景緻盡在腳下。

結束了難得的「獨享時光」參觀行程後，我們就近在「天元宮」旁的攤子買了「草仔粿」，在回程的路上簡單果腹解決了午餐。

2

3

1

INFO

地址：新北市淡水區北新路三段 36 號
交通：一般公車 875、876、877「天元宮」站下車；「賞櫻接駁公車」平常日 15~30 分鐘一班；例假日 8~12 分鐘一班
開放時間：期間：2 月 25 日 ~4 月 23 日（視實際花期，每年略有不同）；時間：7:00~17:00

1　「無極真元天壇」每個樓層都打理得很乾淨，加上四周圍都開有窗戶，所以光線透射相當明亮，真可以用「窗明几淨」來形容。即使是供奉的神像也是色彩鮮明，這跟一般寺廟暗沉沉的感覺是完全不同的。只是殿內所供奉的神尊實在眾多，到底是「何方神聖」，這我就真的不知道了。

2-3　「無極真元天壇」大殿兩旁高高懸掛著一具大鼓、一口大鐘，應該是早上敲鐘、晚上敲鼓，用來喚醒人心的，「暮鼓晨鐘」大概就是這個意思吧。

緣道觀音廟

06

1 「緣道觀音廟」園區內設有餐廳，餐廳一如園區也走高雅路線，餐點口味也很不錯。第一次來此參觀，我與妻子就在這餐廳用餐。從餐廳處居高可以望見觀音廟大殿以及廣場上數尊的石雕佛像。廣場上雖設有停車場，但我兩次開車前來都不得而入，經廟方告知，除非車上有行動不便或老者才可直接開進園區停車外，一般車輛都須停在園區外面，然後再步行進入園區。

2 「緣道觀音廟」大殿前方豎有一石碑，上面刻著「念彼觀音力」，我不懂佛法，不知是何意？

「緣道觀音廟」大概是我在淡水地區所看過的寺廟中，最為典雅脫俗的寺廟。雖然這建築使用的還是現代的工法，但是整體的設計就是一種仿唐式的風格，或可以說比較類似日本神宮的造型（其實也是仿唐式建築）。

「緣道觀音廟」整個園區占地很大，而且整理得相當的清新宜人，遍植草皮樹木、巧設小橋流水，並有數尊精雕佛像羅列其間，簡直就是一座休閒公園。仿唐式的觀音廟矗立其間，猶如一座貴族的殿宇，清新脫俗又不失莊嚴，說它是「庭園寺廟」應不為過。

只是它深居荒郊叢林之中，要自行來到這裡並不容易（除非在捷運紅樹林站搭乘廟方的接駁專車）。我與妻子來過這裡兩次，都是開車前來，因為我們並不拜佛，所以純粹是來參觀賞景的。記得我第一次參觀這園區確實感到驚艷，實在無法想像在「深山林內」竟然隱藏如此靜美的天地，直嘆簡直是淡水的世外桃源。但因它身處郊野深山之中，並無公車可到達，因此，最好是搭乘廟方所提供的接駁專車，要不就只能自行開車前來了。如自行開車的話，在淡金路三段四四六號（中油加油站）前方的紅綠燈處右轉上山，沿途皆可看見指標。

「緣道觀音廟」占地不小，園區規劃相當完善，戶外休閒區草木蒼鬱，處處可見石雕佛像陳列其間。加上日式庭園造景，小橋流水、曲徑步道、水濂瀑布、香草花園等景觀，將這廟區點綴成遺世獨居的世外桃源，是個踏青尋幽的好去處。

INFO

地址：淡水區安子內 3 號
交通：接駁專車（菩提精進站）：「捷運紅樹林站」1 號出口處
開放時間：週二至週五 9:30~18:00（夏季至 19:00）；週六至週日 9:30~19:00（夏季至 20:00）；週一公休不開放（國定假日及暑假除外）

07

行忠堂

「行忠堂」全稱「古聖廟行忠堂」，當地人稱它「仙公廟」，之所以稱「行忠堂」，應該是因為廟內供奉關聖帝君等神祇。

「行忠堂」也是位在鄉郊野外，捷運淡水站雖有公車可到達，不過班次很少要等很久，所以那次與妻子前來參觀便選擇自行開車。

「行忠堂」占地相當大，廟前有七仙女池塘，後方有日式燈亭、椰林步道、水潭亭閣、花樹林園等景色。右方畫作是「東月亭」青龍戲水，後方隱約的樓閣則是「八仙洞」。

INFO

地址：淡水區椿子林 18 號
交通：搭乘公車：871 →「行忠堂」站下車
870 →「中山國小」站下車再步行一小段路
自行開車：走到淡金路三段轉入行忠路，順著路標走即可到達
開放時間：全年無休（開放時間無特別規定）

我們在「行忠堂」廟埕停妥了車，一下車就發現廟前戲台下有「七仙女」現身在閒雲野鶴間，她們以美妙的舞姿歡迎我們的到來。像這樣的「七仙女」雕像實在少見，不過進到廟區裡面參觀，又發現有「八仙洞」，還有更多……。

「行忠堂」是個耐人尋味又有意思的休閒好去處，園區規劃雖然有點違和感，但也因此處處充滿不可預期的驚奇。它既是中式道廟聖地，卻又有日式神社遺跡；它不缺亭閣林園景觀的古典，也有動物、水果塑像的童趣。

「行忠堂」的園區環境是個「和漢」元素夾雜的奇怪組合，主體是漢人傳統廟宇的建築，但卻以日式建築元素作為點綴。漢式廟宇配上日式燈亭，感覺雖很另類，但實在有點不協調。

園區內這些日式屋亭、燈亭其實都是從舊時的「淡水神社」移來的。民國 40 年，「淡水神社」進行拆除作業，神社裡的屋亭、燈亭等物件也一併要被丟棄。當時廟方為了保存這些文物，便出資將它們遷移到廟區裡。但我覺得廟方還是有些為德不足的地方，因為有的「手水舍」屋亭竟被改成貼馬賽克的水泥柱並被當成涼亭使用，古式的屋頂搭上現代的水泥柱感覺有點違和。

1 「行忠堂」園區內有一根極為罕見的石柱旗杆，高約五公尺，聽說是從士林某處移來的。它是清朝高中舉人的人家才能擁有的殊榮，所以又稱為「舉人杆」或「舉人篙」。旗杆上下有「圓斗」、「方斗」兩個旗斗，象徵「天圓地方」。

2 「方斗」象徵「米斗」意含承受俸祿的意思，其四面刻有「鵬程萬里」四字，其上方還有一龍雕。

3 旗杆下端刻有一虎雕及「乾隆六十年乙卯科恩式貢元黃登榜監」等字。

08 燕樓（李氏古厝）

那天原本是要前往淡水一處鄉間的休閒農場享用午餐，開著車遠遠地便望見一座脱俗的莊園，古式典雅的廟堂建築吸引我驅車前去訪察，就這樣意外的收穫發現了這處「燕樓」。

「燕樓」公共交通並不方便，如自行開車，則建議走淡金路（登輝大道），一路直行到水源街二段處右轉，再行至「淡江農場」左轉繼續走即可到達。

「燕樓」是淡水忠寮望族李氏的宗廟，「燕樓」是其堂號，門前立有宗廟整修誌碑，銘文記述宗室的淵源流派、燕樓創建始末及族親功業等事蹟。由於淡水忠寮一帶住著許多李氏後代子孫，古老的宅第聚落逐漸形成「李氏古厝群」，其中較有名的古厝像是：桂花樹三號、四號、五號、竹圍仔八號、十號。因為「燕樓」屬私人氏族宗祠，因此並無對外開放。

古樸的三合院，裡面住的人家都有可能是李氏家族的族人。

INFO

地址：新北市淡水區忠寮里竹圍仔 8 號
交通：公共交通較為不便，建議自行開車前往
貼心提醒：屬私人氏族宗祠，內部並無對外開放，但可就近觀訪外部。附近有幾處觀光休閒農場，建議可以順道前往。

Part 4

近代風華

淡水是個饒富古老文化傳統的地方，不僅古蹟寺廟的風韻猶存，近代人文的氣息也薈萃，所以讓它流露令人流連忘返的風華。

如果日治時期算是近代的話，淡水就擁有許多日治時期或日本特色的景緻，最代表性的像是：一滴水紀念館、多田榮吉故居、木下靜涯故居等。臺灣光復以至今日，淡水也新增不少遊趣景點，像是：忠烈祠、百齡公園、淡江大學校園、施乾雕像、捷運淡水站（老街）、雲門劇場、三空泉登山步道等。所以說，淡水是個古樸與新趣兼具的地方，很能滿足遊人不同的興趣。

一滴水紀念館

01

2012

「一滴水紀念館」二〇一一年三月剛啟用時，我也剛好移居到淡水沒多久，當時就聽說這棟日式建築是「原滋原味」從日本拆卸過來重予組裝的，這很讓我感到興趣。於是特別挑了一天前往參觀，到了園區才知道「一滴水紀念館」座落在「和平公園」的後方，也許算是公園的一部分。聽導覽說這棟房子是一九九五年阪神大地震時倖存的建築，當地民眾為感謝當時臺灣的捐款救災愛心，而特別將它送給臺灣的。

1 一到園區先是看到一面「和平公園」的牌牆，接著便看到雙手合十的石雕，像是在為世界和平祈禱。

2 往前走又看到石雕的青蛙，一大一小，不知象徵何意。

1

3

4

5

1 再往前走，遠遠地便看到日式風味的門扉，那裡應該就是「一滴水紀念館」的入口了。
2 左側有個圓形雕塑名為「愛．和平」，中間是母抱子的造型。
3-5 這三個作品合稱「龍椅、虎椅、羊椅」，既然稱「椅」應該是可以讓人坐下來休息的。

2

「一滴水紀念館」前方精心設計了小庭園，矮木、石橋、池水、卵石、水滴，都是日式庭園的基本元素。這樣別具古意的組合不需多言，美感就有了，禪意也在了。

1 從草坡下仰視「一滴水紀念館」，更能欣賞到日式房舍的建構美感。沒有華麗的色彩、沒有多餘的裝飾，不誇張、不炫耀，純然一種靜觀自得的自在禪境。

2 日式的門扉敞開著，像是張開雙臂歡迎遊客入內遊園，有種「有朋自遠方來，不亦樂乎？」的親切感，也有「深林人不知，明月來相照」的悠閒之意。

1　門楣上匾牌的「一滴水」館名，是由日本文豪水上勉先生取自滴水禪師的名言「一滴水脈有無限可能」，含有珍惜點滴、惜物愛物的深遠意義。

2　現場所見的一梁、一柱、一窗、一門，都遠從日本阪神地區拆卸過來淡水，然後重新再組裝起來，這的確是項大工程。據知，2005 年拆卸時每個組件都經仔細編號，來到臺灣後共花了 5 年的時間才組裝完成。

INFO

交通：公車 857、紅 26、836 →「滬尾礮台」下車
開放時間：星期二至星期六 09:00~17:00（最後入館時間 16:30）
休館時間：星期日、星期一休館（逢國定假日照常開館）

02 多田榮吉故居

「多田榮吉故居」是淡水新增的市定古蹟，多田榮吉是日治時期的淡水街長，「街長」之職相當於現今的鎮長。二〇一六年初開館當天，我適巧散步途經這裡，所以便入內參觀。

這故居的範圍雖然很小，但還是有些可觀之處。一如畫作所見，庭園整頓得相當清新宜人，房舍也修繕得如舊風味。

2

1

1 進入「多田榮吉故居」內部參觀，抬頭發現天花板有個破洞，心想該不會是老鼠啃的吧。後經導覽員説明，才知道原來這是二戰時遭到美軍空襲所留下的彈孔。

2 循著左側的步道，可以走到房舍的後院。

3 後院種植數株老樹，從老樹夾縫眺望出去，觀音山橫躺在淡水河上，像是浮泳在水面的美人兒。

3

INFO

交通：公車 857、紅 26、836 →「淡水圖書館」下車
開放時間：星期一至星期五 09:30~17:00；星期六至星期日 09:30~18:00
休館時間：每月第一週之週一（逢國定假日照常開館，並於次日休館）

木下靜涯故居

03

木下靜涯是位東洋膠彩畫家，在一次前往南洋的畫旅途中意外地落腳在淡水，最後成為臺灣美術重要的啟蒙者之一。「木下靜涯故居」委身在一個角落處，不太容易被發現，它就位在「馬偕雕像」公園與「紅樓」之間的半坡處，從「紅樓」往下或從「馬偕雕像」右側往上走，都可以走到這裡。目前木下靜涯的舊房舍似乎仍處於等待修繕的狀態，所以無法接近參觀，倒是已經完工的小公園很賞心悅目。因為它就位在半坡處，所以走累了剛好可以在這裡歇腳休息。

記得第一次遊憩此處時，最引起我興趣的是公園裡一顆大石上刻的字句「好日好日又好日」。木下靜涯1946年返日後活到103歲，這是他晚年所留下的名言。這種「天天是好日」的人生觀，或許便是他長命百歲的祕密。

INFO

地址：新北市淡水區三民街 29-2 號
交通：從「捷運淡水站」沿著老街步行大約 15 分鐘可到
貼心提醒：淡水美食阿婆鐵蛋、淡水魚丸、淡水阿給、古早味蛋糕、炭錢胡椒餅以及紅樓餐廳都在附近，不要忘了順便品嚐一下。

忠烈祠

04

這處「忠烈祠」其實是有次開車前往「滬尾礮台」遊賞時，偶然發現的景點。從中正路轉入後有個分岔路，路標寫著：右邊往「滬尾礮台」及「一滴水紀念館」，左邊往「忠烈祠」。但其實這幾處都是相鄰在一起的（包括「淡水高爾夫球場」和「雲門劇場」）。

於是，那天遊完「滬尾礮台」之後，便順道轉往這處「忠烈祠」參觀。遠遠的便見到白色的牌樓，在豔陽的照射下顯得更加白亮耀眼。只是此處是供奉先烈英靈的地方，也是清朝中法戰爭的古戰場，之前又是淡水的日本神社所在；又因平時鮮少遊客踏至，所以草木無聲萬籟俱寂，寧靜得像仙境一般。此時，聽得鄰近的咖啡店傳來微微的音樂聲，稍稍打破了凝結在空氣中的肅穆，於是隨著樂音的方向前去享受午後的咖啡，原來這家是之前對岸八里的「媽媽嘴咖啡」。

1 白色的牌樓莊嚴肅穆，在豔陽照射下更顯現「忠烈祠」所要表彰的高風亮節情操。
2-3 牌樓前的兩隻石獅端伺兩旁，像是永不下哨的衛士守護著先烈的英靈。

1

1 事實上，「忠烈祠」的現址是日治時期「淡水神社」的所在，1975 年政府拆除原先之日式神社建築，改建後才呈現今日中式宮殿建築的模樣。目前「忠烈祠」四方形的園區型制，其實是當時神社的基台結構。「忠烈祠」的四周是圍牆，前方是牌樓、後方是靈堂所在，左右側各設有小廂房，中埕僅簡素地栽植草皮樹木，並未種植任何鮮花艷草，所以整面園區格外顯得肅穆莊嚴。

2 因為此處是供奉先烈英靈的地方，平時又鮮少遊客踏至，所以草木無聲萬籟俱寂。

INFO

地址：新北市淡水區中正路一段 6 巷 31 號
交通：公車 857、紅 26、836 →「滬尾礮台」下車
開放時間：週一休息
週二至週日 9:00~17:00

2

05

百齡公園

1　「百齡公園」離捷運淡水站雖近，但平時少見遊客在此逗留，它頂多就是附近居民前往捷運站的中途休息站。
2-3　「百齡公園」裡面的這兩隻似獅非獅的「瑞獸」，很引起我的好奇探究。

「百齡公園」離捷運淡水站大約八百公尺的距離，出了捷運站右轉，走路大約十分鐘就到了，它就座落在大馬路的右側。

這是個近年興建的小公園，園區範圍雖然很小，不過閩南式的建築倒有幾分仿古的意味，就連洗手間也是同樣的風格。只是平常經過這裡很少看到有人在此佇足逗留，因為幾乎沒有可以遮陰躲太陽的地方；即使園區裡設有一些固定式的運動器材，但也是偶而才會看到有人在使用，也許這是設計考慮上的疏忽吧。

倒是園區裡的兩隻似獅非獅的「瑞獸」，比較引起我的好奇。這兩隻瑞獸似乎有點年紀了，看起來應該是老的古蹟文物，難怪跟這新建的閩式建築有點不太適配的感覺。聽說它們是從之前的「淡水神社」（現已改為「忠烈祠」）移來的，但是否如此就不得而知了。如果真的是從神社移來的話，那麼它們就不是中式的「石獅」，而或許是日式的「狛犬」了。難怪我第一眼就看出，它們似乎不該屬於這裡。

INFO

地址：新北市淡水區中正東路一段 1 號
交通：從「捷運淡水站」往右側中正東路一段方向走去，步行大約 7~10 分鐘可達
貼心提醒：「百齡公園」的後方便是自行車道也是也是休閒步道，由此可以步行前往紅樹林生態園區。

06

淡江大學

在未搬到淡水居住之前，也曾經多次前來淡水遊玩，為的是看夕陽或是逛老街，但就是從未到過淡江大學，所以這是第一次造訪它時，記得是三月二十九日，當天風光明媚春意正濃，我與妻子一早便出門前往淡江大學踏青。當時正是三月杜鵑花開的時節，走在校園這條大道上，兩側盛開的杜鵑夾道爭艷，報知遊人春天的到來。

INFO

地址：新北市淡水區英專路 151 號
交通：從「捷運淡水站」的公車總站搭乘紅 27、紅 28 →「淡江大學」下車
步行：出了捷運淡水站後，走到捷運站左側對面，沿著中油加油站邊的「英專路」一路走進去，步行大約 20 分鐘可到。

1-3　三月的淡江大學校園充滿春意，一叢叢粉紅、艷紅、鮮白的杜鵑花處處綻放，可說是淡水人的祕密花園。所以，誰說欣賞「三月杜鵑」的美景，一定要上陽明山？

4　古色古香的建築就佇立在群花飄香之中，它們是建築系的教室。

1

2

3

4

淡江大學最美的景緻大概就屬這處二〇〇二年完工啟用的「覺軒花園」，建築型式是仿上海「豫園」的中式庭園。聽說這裡在改建成花園之前，原本是一座溫室花房。

這花園取名「覺軒」，是為紀念淡江大學第一任校長張建邦的外祖父居正（字「覺生」）先生，居正先生亦是淡江大學前身「淡江英語專科學校」的第一任董事長。

從後頁兩幅「覺軒花園」畫作可看出，波浪瓦牆的設計很有韻味，花園裡除了古典的長廊亭閣，又栽植各色各樣的植物，形成一幅花叢錦簇美麗的風景畫。

前幾年去過上海參觀了「豫園」，發現這座「覺軒花園」確是仿照「豫園」型式蓋建的，不管是波狀圍牆或是這長廊亭閣。只不過兩比較之下，「豫園」本尊還是勝上一籌。

2012

07 施乾雕像

施乾人稱「乞丐之父」，生於日治時期，他曾設立「愛愛寮」收容乞丐，照顧並教導他們謀生技能。這個雕像立在淡水國小側門的路橋旁，因為他畢業自滬尾公學校（淡水國小的前身），所以算是傑出校友。

INFO

地址：新北市淡水區中山路160號

交通：公車「淡海-板橋線」、紅26、紅36「重建街口」下車，再往回走到淡水國小側門的路橋

貼心提醒：施乾雕像的前方有個「幸運草」造型的牌示，對於他的善舉事蹟有較詳細的說明，建議不妨稍加閱讀了解一下。

08

捷運淡水站
（老街）

2

1

現在的年輕人或許並不知道，現今捷運淡水站的車站現址過去曾經是個火車站。搭火車到淡水看夕陽，相信是許多年長者共同的美好記憶。為了興建捷運淡水線系統，鐵路淡水線火車於一九八八年七月十五日駛出最後一班車後，火車的身影便從此消失在淡水了。

新的捷運淡水系統自一九九七年三月開駛後，這棟全新的捷運站體重新在這裡站立起來。紅磚式閩南風格的建築造型很符合淡水的懷舊味道，黃澄澄的屋頂從遠處就吸引人們的目光。站前廣場相當寬敞，接駁轉運的公車總站就設在站體右側；站後則是一片休閒公園，也是街頭畫家及藝人的駐點。往左側站後走去的公明街（接中正路），便是所謂的「淡水老街」，是許多人到淡水必逛的街道。

捷運站站內空間及後方的休閒廣場、金色水岸等處，是許多街頭畫家及藝人展現藝術才華的場所。假日前來淡水一遊，在啖嚐淡水美食之餘，不妨放慢腳步欣賞一下他們的即興表演，或讓這些畫家為你的淡水之旅留下倩影。當然，也不要忘了大方地打賞一下他們精彩的表演。

3

4

1-2 每位畫家有自己的風格，有的擅長寫實人像、有的專精 Q 版造型，就隨遊客個人喜好了。
3 真人雕像表演常能吸引遊客好奇的眼光。
4 自彈自唱也能帶動假日歡樂休閒的氣氛。

1-3　捷運站左側近年規劃了一個「淡水老街廣場」，廣場上有水筆仔、彈塗魚的公共造景藝術，凸顯表現淡水紅樹林的生態特色。廣場上並置放了一節蒸汽老火車頭，不禁讓人回憶起那段長達 87 年歷史的火車歲月。

4　「淡水老街」每逢假日人潮如織，是遊客前來淡水必逛的一條街道。

INFO

地址：公明街接中正路

交通：往「捷運淡水站」左側後方走去，步行大約 1 分鐘即可見到「老街」的開頭

貼心提醒：「老街」的美食攤位及特色店家，平日大多都是過了中午才開店，冬季因為天氣較冷，所以太陽一下山都會提早打烊；但是逢到週末及假日，則會提早開店或較晚打烊。

雲門劇場

09

我很少畫太現代感的建築物，不過這座「雲門劇場」的圓弧線條實在很美，造形像是雲朵的頂棚大概是象徵「雲」的意象。「雲門劇場」二〇一五年在此揭開序幕，為淡水的藝術文化注入新的氣質。從捷運淡水站搭乘836、紅26公車，至「滬尾礮台」下車，然後沿著「滬尾礮台」與「淡水高爾夫球場」間的小路走進，一下子便可到達。

INFO

地址：新北市淡水區中正路一段 6 巷 36 號
交通：雲門接駁專車：
- 憑票券免費搭乘，每班 60 人，額滿發車
- 搭乘地點
  演出前：捷運淡水站 2 號出口右側
  演出後：滬尾砲台前
- 搭車時間
  演出前：開演前 1 小時發車
  演出後：發車時間約在演出後 30 分鐘至 1 小時間

公車：公車 857、紅 26、836 →「滬尾礮台」下車，再走一小段路（大約 5~10 分鐘）。
開放時間：週一休息；週二至週日 10:00~17:00

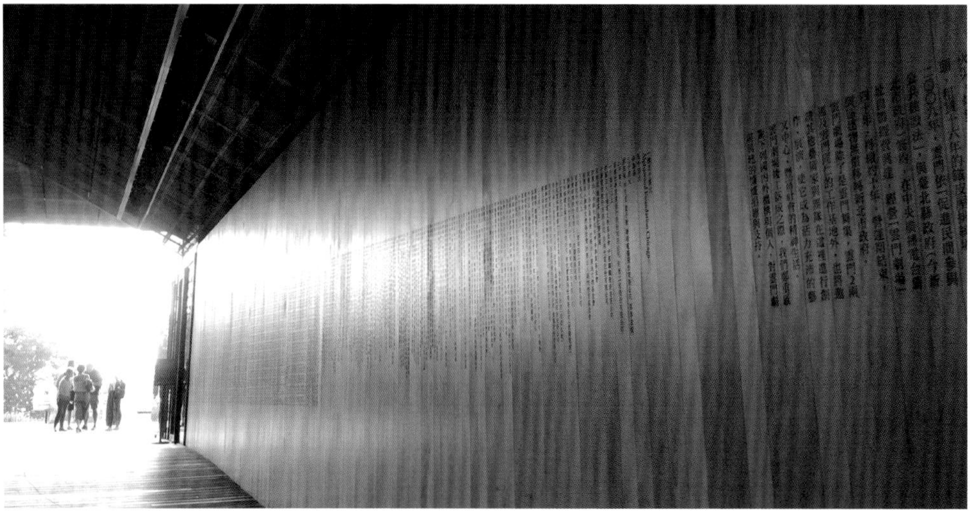

順著階梯走上來，便看到「雲門」兩字，這裡是雲門舞者的訓練基地，也是相關藝術展演的藝文中心。特別讓我停下腳步瀏覽的是這長廊的牆面，木質的牆面密密麻麻地刻著一長串名單，有機構團體也有個人，他們都是這座劇場興建經費的捐款者。

劇場的一側有個小小的荷花池，池中有個婆娑起舞的雕像，是「雲門」早期一位舞者羅曼菲的曼妙舞姿。雕像取名「旋的冥想」，因為她曾以這樣的舞姿在一齣舞碼中，連續旋轉了將近 10 分鐘。

藝術大師朱銘的「白衫人間」系列作品，在劇場各個角落作戶外展覽，也是另外一大藝術觀賞焦點。

10

三空泉（登山步道）

二〇一四年四月間，我任教的淡水社區大學舉辦了一場春遊，目的地是郊野的「三空泉」。一早報到後沿著學府路便往山中行，轉入鄧公路後步道逐漸出現坡度，開始有點登山的感覺了。途中有一長段的路純為步道，樹林夾道、人車稀少，倒是時而可見老樹古厝出現。這間磚造老屋身形垂頹，屋頂攀滿了鮮綠的葉蔓，有一種不做作的自然美感，於是一回到家便將它畫下。

「三空泉」這地名乍聽之下覺得有點學問，不過了解它的緣由之後，就覺得「空」字用得不太恰當。地名的緣由是因為山裡有一處地方冒出三股泉水，原是台語發音的「三港泉」，是湧泉源源不絕的意思，如今將「港」改成「空」字，好像這泉水已經流空冒盡了。一字之差謬之千里；有些地名只為改得典雅，反而失了真趣，實在可惜。

INFO

地址：新北市淡水區坪頂里三空泉

交通：既是登山步道，所以建議以步行方式前往，從學府路接往鄧公路後一路登山健行。想偷懶的話，就依同樣路徑自行開車前往也行

貼心提醒：三空泉登山步道沿途有幾家休閒農場，可以順道走走或享用農家菜。

Part 5

河岸景觀

夕照應該是淡水河岸最美的景觀，許多人前來淡水一遊總要等待黃昏時刻，因為欣賞完滿天的彩霞，一天的行程才算是完美的結束。當然，舢舨、碼頭及漁港等，也是淡水河岸特有的景觀，甚至搭乘遊艇前往對岸八里或漁人碼頭，也是一種遊河觀景的方式。另外，前往紅樹林自然保留區尋覓水筆仔、招潮蟹、彈塗魚、白鷺鷥的蹤跡，來個知性之旅，也是一日遊行程中不錯的選擇。總之，淡水是個充滿感性及知性的地方，一天玩下來必定讓你滿意而歸。

沿著淡水河岸的自行車道騎行，一路可欣賞沿岸的紅樹林景觀。

紅樹林（自行車道）

01

淡水這段紅樹林主要從捷運紅樹林站旁沿著河岸一直延伸到竹圍附近，形成一片完整而難得的生態系帶。沿著淡水河岸則設有自行車道及紅樹林觀賞棧道；可以一邊騎著車活動筋骨，一邊欣賞淡水河景及紅樹林景觀。

剛移居到淡水沒多久，有回我與妻子在捷運站旁租了自行車，從捷運站出發，中途在一處亭棧稍事休息後，再越過關渡大橋騎到對岸八里去。那天剛好是週末假日，所以車道上穿梭來往的自行車特別多；因為已有幾十年沒騎過單車了，騎車技術是有點退化，錯車時還感覺有點驚險。儘管如此，還是覺得這是一段難得的單車生態體驗。

1 這長得像四季豆長長的東西，便是「水筆仔」。因為紅樹林的濕地鹽分很高，種子無法在此環境下生存生長，所以這水筆仔在成熟前都會一直長在母株上，吸取母株的養分以長成幼苗，然後幼苗再掉落插到濕地裡生長。

2 「水筆仔」掉落後，便在濕地慢慢長成紅樹小株，然後逐漸形成一片紅樹林。大約從淡水河口 5 公里處一直往內延伸到鶯歌的河岸，都可發現紅樹林的蹤跡。

淡水紅樹林為一典型的河口濕地生態系，其潮間帶生物主要包括：水筆仔、招潮蟹、彈塗魚、水鳥等。因為水筆仔林會阻擋由上游沖刷下來的有機物，這些沉積的有機物便是招潮蟹、彈塗魚等喜愛的食物，也因有招潮蟹、彈塗魚的聚居，所以水鳥也就跟著到此覓食棲息了。這樣的食物鏈關係，就讓這些物種自成一個完整的生態體系。

捷運紅樹林站二號出口處設有「紅樹林生態教育館」，提供較為專業詳細的紅樹林生態知識。一般人觀察紅樹林生態，或許都僅止於看看水筆仔、找找招潮蟹、彈塗魚，觀賞一下水鳥，很少進一步深入探知究竟。就像明明是綠色的水筆仔樹林，為何會稱它是「紅」樹林？招潮蟹的那支大螯，是做什麼用的？模樣長得怪異的彈塗魚，如何能夠水陸兩棲？不妨參觀一下「紅樹林生態教育館」，或許就能找到答案。

我在參觀完「紅樹林生態教育館」後，經館員指點從這捷運站後面一扇鐵門，即可直通後方一片較大的紅樹林自然保留區。

INFO

地址：紅樹林自然保留區（紅樹林自行車道沿途及捷運紅樹林站附近）
紅樹林生態教育館（新北市淡水區中正東路二段68號）
交通：騎乘自行車前往或搭乘捷運至紅樹林站
開放時間：紅樹林生態教育館：週一休館；週二至週日 09:00~17:00
貼心提醒：如果是為觀察紅樹林生態前來的話，建議攜帶望遠鏡方便拉近放大觀看招潮蟹、彈塗魚、水鳥等生物，也不要忘了順便前往「紅樹林生態教育館」參觀。

1 「紅樹林生態教育館」的櫥窗展示紅樹林的生態模型，館內有圖表及標本解說紅樹林的生態關係。
2-3 捷運紅樹林站後方是較大的一片紅樹林自然保留區。
4 經館員解說，才知道只有公的招潮蟹才有大螯，是用來打架爭配偶的。

水上人家

02

淡水岸邊的這「水上人家」高腳屋位在捷運淡水站右後方，與「淡水文化園區」就只一牆之隔。瞧它雖已零零落落殘敗不堪，卻也自成一種特殊的聚落景象。初次見到這群屋舍，還誤以為自己身在東南亞，因為像這樣的水上高腳屋似乎是東南亞國家常見的景象。

雖然很多人習慣上稱它為「水上人家」，不過最近我曾幾次就近觀察，似乎都已人去屋空沒人住了，所以與其稱它是「水上人家」，倒不如就叫它「水上高腳屋」來得貼切一些。

據知，這些「水上人家」高腳屋存在淡水河畔，大約已有半世紀的時間了，雖然時常有舢舨漁船停泊在這處河灘上，但其實這些高腳屋並不是漁民們的住家，而是一群退伍老榮民自行搭設的棲身處所。

INFO

地址：新北市淡水區鼻頭街 22 號（捷運淡水站右側）
交通：搭乘捷運至淡水站
貼心提醒：「水上人家」高腳屋的棚架已經搖搖欲墜了，又是私人房舍領域，所以千萬不要進入，建議只要隔岸觀看就好了。

榕堤
（河堤走廊）

03

大河之戀皇后號

有次黃昏時刻散步走到「榕堤」，恰巧看到這艘「大河之戀皇后號」行駛在淡水河上，西下的斜陽將欄杆的影子拖灑在地面，金黃的陽光反射在堤岸上，顯得特別的明亮耀眼。

「大河之戀皇后號」船尾老式的水輪推進器，讓人不由得聯想到馬克吐溫筆下密西西比河上的風景。原來我們習以為常通稱的「輪船」一詞，一開始專指的只是這種以水輪推動行駛的船隻。不過，即便現今已不再使用水輪來推進了，「輪船」或「遊輪」一詞，似乎仍是用來通稱大型船隻的普通名詞了。這艘「大河之戀皇后號」從捷運淡水站附近的碼頭啟航，穿過關渡大橋一路開到關渡宮附近，然後再繞行回

來。船上提供精緻的餐飲服務，可以一覽兩岸美景及在船上享用一頓美食。這讓我想起旅居布達佩斯期間，幾次搭乘遊輪夜遊多瑙河的美妙經驗。如今如果能夠搭乘「大河之戀皇后號」夜遊淡水河，欣賞一下浪漫的夜色星光，應該也會是個不錯的體驗。

淡水河的這處河岸因為種有許多棵老榕樹，所以被人稱為「榕堤」。個人覺得它應該是淡水最悠閒清涼的一段河岸，或應該說是唯一擁有大片樹蔭可躲太陽的地方。因為這段河堤茂密的老榕樹就伸向淡水河生長，形成一道天然的綠蔭走廊。加上清徐的海風吹來，光只是坐在河堤邊迎風納涼，就讓人覺得這裡是淡水河岸炎夏避暑的最佳去處。

「榕堤」邊上有家餐廳一樣取名「榕堤」，在面向淡水河的一面擺置了舒適的雅座，讓顧客可以靠坐著欣賞淡水河及觀音山的美景。

INFO

地址：新北市淡水區淡水河岸邊
交通：從「捷運淡水站」步行前往大約15~20 分鐘可達
貼心提醒：此處有老榕涼蔭遮蔽，建議可以坐在岸邊欣賞來往淡水河的波光船影。

1 餐廳一處有個亭子，稱為「榕堤八角亭」。它原是日治時期的郡役所碼頭的眺望台，因被榕樹壓塌而廢置多時，現經整修恢復了舊貌。門的兩側有對聯「榕映沁沁文風醉，堤望悠悠輕帆揚」（如畫作）。

2 「榕堤」邊上的幾棵老榕樹長長的樹鬚隨風飄擺在水面上，在炎炎的夏日裡，讓人感到絲絲的涼意。

3 河堤座椅上的這雕像叫「忽忽與貓」，忽忽是一位居住淡水愛貓女作家的筆名，她時常在此處照顧流浪貓，但已不幸車禍身亡。

04

舢舨船塢

製作或維修舢舨船的船塢現在似乎已難得一見，這個船塢設置在淡水河岸，旁邊就是舢舨漁船時常停泊的第一漁港。這個船塢雖然很小，但偶而還是可以看見舢舨擺置在工作架上，也許是正在新造、也許是維修之中。

紅、藍、綠三色是典型淡水舢舨漁船的固定用色，比較有趣的是船頭一定要點上「魚眼」開光之後才能下水，而且黑色眼珠必須稍微往下點畫，因為它就像是長在船頭的眼睛一般，可以幫助漁民們很順利地尋捕到魚隻。傳統的舢舨漁船是木造的，多採質地堅實的檜木、柳安、亞杉等木材；現在的舢舨漁船很多都已改用人造的玻璃纖維材料，但船身還是維持傳統的紅、藍、綠三色及「魚眼」式樣。

這舢舨船塢只是個鐵皮簡單搭建的小屋，也許平常不太吸引遊客的注意。但幾次經過這裡剛好天邊的彩霞很美，發現這一向低調不顯眼的船塢，竟以它嬌怯的身軀，化作為黃昏舞台最佳的點綴。

INFO

地址：新北市淡水區淡水河岸邊
交通：從「捷運淡水站」步行前往大約 15~19 分鐘可達
貼心提醒：如果運氣好的話，剛好碰上船塢有船隻正在製作或維修，那就可以就近仔細欣賞具有淡水特色的舢舨。

淡水河岸的舢舨船塢旁邊就是第一漁港，漁港建有封閉式的一道堤防，可以將較大的波浪阻擋在港外，所以是舢舨漁船很好的避風港。船隻在漲潮時很容易進出漁港，但在退潮時船隻就擱淺在河灘上。小小的船塢就在設在這處小漁港出口旁，可能也是為了就近維修的方便吧。

第一漁港

05

當你從捷運淡水站沿著河岸一路走來，穿過老榕成蔭的「榕堤」長廊，便會看到三五成群的舢舨漁船閒泊在港內，那兒就是淡水「第一漁港」。「第一漁港」昔稱「滬尾漁港」，它在清朝時期曾是重要港埠之一，日治時期因泥沙淤積而日漸式微。五〇年代在河岸築起一道防波堤，將漁港圍成一個四方型小碼頭。此處的「漁港堤影」曾是淡水八景之一，如今港邊的幾家小店及咖啡屋更增添小漁港悠閒的情趣。

INFO

地址：新北市淡水區淡水河岸邊
交通：從「捷運淡水站」步行前往大約 15~18 分鐘可達
貼心提醒：港邊的小店及咖啡屋在堤岸欄杆處設有高腳椅座，方便顧客邊喝咖啡邊欣賞淡水河及觀音山的美景。甚至有店家還出租畫具油彩，讓遊客可以就地寫生作畫。

漁港碼頭

06

這「漁港碼頭」是淡水最容易親近的一處漁港，因為它就位在捷運淡水站的後方，前往老街一定會經過這處漁港碼頭。淡水的漁業雖然最早可追溯至明代，但後來由於河道淤積漁業逐漸沒落。有鑑於此，近年在重新規劃淡水河岸景觀時，特將此漁港結合了附近的環境，整建為具有觀光、休閒多功能的現代碼頭，讓這老漁港注入了新活力。所以時常吸引遊客在此徘徊欣賞美景，有時也招來疲累的白鷺鷥暫棲船頭休息。

這樣的水岸風光，似有幾分義大利威尼斯的浪漫情趣。威尼斯停靠的是黑色的貢多拉，此處停泊的則是彩色的舢舨船，雖然兩種船隻的功用不太相同，但造型外觀各有各的特色，所以稱這處漁港碼頭是「淡水的威尼斯」，應該不為過吧。

INFO

地址：捷運淡水站後方的河岸邊
交通：往「捷運淡水站」後方步行大約 2 分鐘可達
貼心提醒：「漁港碼頭」附近是欣賞淡水夕陽的熱門景點，每到黃昏時刻就會將人潮聚集此處，建議早點到達搶個好位置。

傳統漁港過去給人的印象是又髒又亂，然而這處「漁港碼頭」經過整建後，變得相當清新宜人，立得高高的繫船柱以及返航泊港的舢舨漁船一線排開十分整齊壯觀，與捷運站後方的休閒廣場形成淡水河岸很美的景觀。

遊艇碼頭

07

淡水的對岸是八里，因為它位在淡水河的左岸，所以大家習慣給它取一個浪漫的名字「八里左岸」，似乎想與「巴黎左岸」產生某種的連結。八里雖然就在眼睛看得見的對岸，但如果是搭車或開車的話，必須繞經關渡大橋兜一大圈才能到達，實在有點費時。所以，目前從淡水前往八里，最省時的交通方式便是在此處「遊艇碼頭」搭乘遊艇。我每於黃昏散步到此處時，時常巧遇落日餘暉迎送船艇的美景。

很多來到淡水遊玩的遊客，都會想到順便前往漁人碼頭或八里左岸一遊。此處「遊艇碼頭」位於淡水老街的河岸邊，有幾家遊艇公司提供往來於淡水、漁人碼頭、八里左岸之間的水上交通。

漁人碼頭

08

「漁人碼頭」位於淡水河出海口處，也是精心規劃整建的新式碼頭，停泊的船隻相當多。碼頭邊有家五星級飯店，建築外型酷似一艘遊輪，門口還有座美人魚噴泉雕像。碼頭區裡的「情人橋」，則是情侶約會的好地方。每當夕陽西下時刻，情人橋婀娜的身姿在水漾船影的輝映下，譜出令人沉醉的戀曲。

INFO

地址：新北市淡水區觀海路 199 號
交通：公車 836、紅 23、紅 26→「漁人碼頭」下車
開放時間：港區 24 小時開放；商家營業時間 11:00~20:00

國家圖書館出版品預行編目資料

我繪．遊淡水 ： 人文山光水色 / 莊宏哲作．-- 初版．-- 臺北市 : 華成圖書, 2018.01
面 ； 公分．--（自主行系列 ; B6198)
ISBN 978-986-192-314-7(平裝）

1. 旅遊 2. 人文地理 3. 新北市淡水區

733.9/103.9/141.6　　106021428

自主行系列　B6198

我繪・遊淡水：人文山光水色

作　者／莊宏哲

出版發行／華杏出版機構
華成圖書出版股份有限公司
www.far-reaching.com.tw
11493台北市內湖區洲子街72號5樓（愛丁堡科技中心）
户　名　華成圖書出版股份有限公司
郵政劃撥　19590886
e-mail　huacheng@email.farseeing.com.tw
電　話　02-27975050
傳　真　02-87972007
華杏網址　www.farseeing.com.tw
e-mail　adm@email.farseeing.com.tw
華成創辦人　郭麗群
發行人　蕭聿雯
總經理　蕭紹宏
主　編　王國華
責任編輯　楊心怡
美術設計　陳秋霞
印務主任　何麗英
法律顧問　蕭雄淋・陳淑貞

定　價／以封底定價為準
出版印刷／2018年1月初版1刷

總經銷／知己圖書股份有限公司
台中市工業區30路1號　電話　04-23595819　傳真　04-23597123

讀者回函卡

謝謝您購買此書，為了加強對讀者的服務，請詳細填寫本回函卡，寄回給我們（免貼郵票）或E-mail至huacheng@email.farseeing.com.tw給予建議，您即可不定期收到本公司的出版訊息！

您所購買的書名/________________ 購買書店名/________________

您的姓名/________________ 聯絡電話/________________

您的性別/□男 □女 您的生日/西元________年____月____日

您的通訊地址/□□□□□________________

您的電子郵件信箱/________________

您的職業/□學生 □軍公教 □金融 □服務 □資訊 □製造 □自由 □傳播

□農漁牧 □家管 □退休 □其他

您的學歷/□國中（含以下） □高中（職） □大學（大專） □研究所（含以上）

您從何處得知本書訊息/（可複選）

□書店 □網路 □報紙 □雜誌 □電視 □廣播 □他人推薦 □其他

您經常的購書習慣/（可複選）

□書店購買 □網路購書 □傳真訂購 □郵政劃撥 □其他________________

您覺得本書價格/□合理 □偏高 □便宜

您對本書的評價（請填代號/ 1. 非常滿意 2. 滿意 3. 尚可 4. 不滿意 5. 非常不滿意）

封面設計______ 版面編排______ 書名______ 內容______ 文筆______

您對於讀完本書後感到/□收穫很大 □有點小收穫 □沒有收穫

您會推薦本書給別人嗎/□會 □不會 □不一定

您希望閱讀到什麼類型的書籍/________________

您對本書及我們的建議/

www.far-reaching.com.tw

廣告回信
台北郵局登記證
台北廣字第000526號
免貼郵票

(華杏出版機構)

華成圖書出版股份有限公司　收

11493台北市內湖區洲子街72號5樓（愛丁堡科技中心）
TEL/02-27975050

（沿線剪下）

（對折黏貼後，即可直接郵寄）

本公司為求提升品質特別設計這份「讀者回函卡」，懇請惠予意見，幫助我們更上一層樓。感謝您的支持與愛護！

www.far-reaching.com.tw　請將　B6198　「讀者回函卡」寄回或傳真 (02) 8797-2007